全国普法学习读本
★★★★★

商业产品法律法规学习读本
商业综合法律法规

曾朝 主编

> 加大全民普法力度，建设社会主义法治文化，树立宪法法律至上、法律面前人人平等的法治理念。
> ——中国共产党第十九次全国代表大会《决胜全面建成小康社会 夺取新时代中国特色社会主义伟大胜利》

汕头大学出版社

图书在版编目（CIP）数据

商业综合法律法规 / 曾朝主编． -- 汕头：汕头大学出版社，2023.4（重印）

（商业产品法律法规学习读本）

ISBN 978-7-5658-3317-5

Ⅰ. ①商… Ⅱ. ①曾… Ⅲ. ①商法-中国-学习参考资料 Ⅳ. ①D923.994

中国版本图书馆 CIP 数据核字（2018）第 000677 号

商业综合法律法规　SHANGYE ZONGHE FALÜ FAGUI

主　　编：	曾　朝
责任编辑：	汪艳蕾
责任技编：	黄东生
封面设计：	大华文苑
出版发行：	汕头大学出版社
	广东省汕头市大学路 243 号汕头大学校园内　邮政编码：515063
电　　话：	0754-82904613
印　　刷：	三河市元兴印务有限公司
开　　本：	690mm×960mm 1/16
印　　张：	18
字　　数：	226 千字
版　　次：	2018 年 1 月第 1 版
印　　次：	2023 年 4 月第 2 次印刷
定　　价：	59.60 元（全 2 册）

ISBN 978-7-5658-3317-5

版权所有，翻版必究

如发现印装质量问题，请与承印厂联系退换

前 言

习近平总书记指出："推进全民守法，必须着力增强全民法治观念。要坚持把全民普法和守法作为依法治国的长期基础性工作，采取有力措施加强法制宣传教育。要坚持法治教育从娃娃抓起，把法治教育纳入国民教育体系和精神文明创建内容，由易到难、循序渐进不断增强青少年的规则意识。要健全公民和组织守法信用记录，完善守法诚信褒奖机制和违法失信行为惩戒机制，形成守法光荣、违法可耻的社会氛围，使遵法守法成为全体人民共同追求和自觉行动。"

中共中央、国务院曾经转发了中央宣传部、司法部关于在公民中开展法治宣传教育的规划，并发出通知，要求各地区各部门结合实际认真贯彻执行。通知指出，全民普法和守法是依法治国的长期基础性工作。深入开展法治宣传教育，是全面建成小康社会和新农村的重要保障。

普法规划指出：各地区各部门要根据实际需要，从不同群体的特点出发，因地制宜开展有特色的法治宣传教育坚持集中法治宣传教育与经常性法治宣传教育相结合，深化法律进机关、进乡村、进社区、进学校、进企业、进单位的"法律六进"主题活动，完善工作标准，建立长效机制。

特别是农业、农村和农民问题，始终是关系党和人民事业发展的全局性和根本性问题。党中央、国务院发布的《关于推进社会主义新农村建设的若干意见》中明确提出要"加强农村法制建设，深入开展农村普法教育，增强农民的法制观念，提高农民依法行使权利和履行义务的自觉性。"多年普法实践证明，普及法律知识，提高法制观念，增强全社会依法办事意识具有重要作用。特别是在广大农村进行普法教育，是提高全民法律素质的需要。

多年来，我国在农村实行的改革开放取得了极大成功，农村发生了翻天覆地的变化，广大农民生活水平大大得到了提高。但是，由于历史和社会等原因，现阶段我国一些地区农民文化素质还不高，不学法、不懂法、不守法现象虽然较原来有所改变，但仍有相当一部分群众的法制观念仍很淡化，不懂、不愿借助法律来保护自身权益，这就极易受到不法的侵害，或极易进行违法犯罪活动，严重阻碍了全面建成小康社会和新农村步伐。

为此，根据党和政府的指示精神以及普法规划，特别是根据广大农村农民的现状，在有关部门和专家的指导下，特别编辑了这套《全国普法学习读本》。主要包括了广大人民群众应知应懂、实际实用的法律法规。为了辅导学习，附录还收入了相应法律法规的条例准则、实施细则、解读解答、案例分析等；同时为了突出法律法规的实际实用特点，兼顾地方性和特殊性，附录还收入了部分某些地方性法律法规以及非法律法规的政策文件、管理制度、应用表格等内容，拓展了本书的知识范围，使法律法规更"接地气"，便于读者学习掌握和实际应用。

在众多法律法规中，我们通过甄别，淘汰了废止的，精选了最新的、权威的和全面的。但有部分法律法规有些条款不适应当下情况了，却没有颁布新的，我们又不能擅自改动，只得保留原有条款，但附录却有相应的补充修改意见或通知等。众多法律法规根据不同内容和受众特点，经过归类组合，优化配套。整套普法读本非常全面系统，具有很强的学习性、实用性和指导性，非常适合用于广大农村和城乡普法学习教育与实践指导。总之，是全国全民普法的良好读本。

目 录

中华人民共和国计量法

第一章 总 则	(2)
第二章 计量基准器具、计量标准器具和计量检定	(3)
第三章 计量器具管理	(4)
第四章 计量监督	(5)
第五章 法律责任	(5)
第六章 附 则	(7)

中华人民共和国计量法实施细则

第一章 总 则	(8)
第二章 计量基准器具和计量标准器具	(9)
第三章 计量检定	(10)
第四章 计量器具的制造和修理	(11)
第五章 计量器具的销售和使用	(13)
第六章 计量监督	(13)
第七章 产品质量检验机构的计量认证	(15)
第八章 计量调解和仲裁检定	(16)
第九章 费 用	(17)
第十章 法律责任	(17)
第十一章 附 则	(20)

附　录

　　计量违法行为处罚细则……………………………………（22）

网络交易管理办法

第一章　总　则………………………………………………（31）
第二章　网络商品经营者和有关服务经营者的义务………（32）
第三章　网络商品交易及有关服务监督管理………………（41）
第四章　法律责任……………………………………………（43）
第五章　附　则………………………………………………（44）
附　录
　　互联网信息服务管理办法…………………………………（45）
　　第三方电子商务交易平台服务规范………………………（51）
　　互联网直播服务管理规定…………………………………（64）

直销管理条例

第一章　总　则………………………………………………（69）
第二章　直销企业及其分支机构的设立和变更……………（70）
第三章　直销员的招募和培训………………………………（72）
第四章　直销活动……………………………………………（74）
第五章　保证金………………………………………………（76）
第六章　监督管理……………………………………………（77）
第七章　法律责任……………………………………………（78）
第八章　附　则………………………………………………（81）
附　录
　　直销行业服务网点设立管理办法…………………………（82）

禁止传销条例

第一章	总　则	(85)
第二章	传销行为的种类与查处机关	(86)
第三章	查处措施和程序	(87)
第四章	法律责任	(90)
第五章	附　则	(91)

附　录
　　关于办理组织领导传销活动刑事案件适用法律
　　若干问题的意见 …………………………………… (92)

打击传销规范直销信息系统使用管理暂行规定

第一章	总　则	(97)
第二章	职　责	(97)
第三章	系统用户及权限管理	(98)
第四章	数据采集报送	(100)
第五章	数据应用	(104)
第六章	安全保密与奖惩	(105)
第七章	附　则	(106)

中华人民共和国反不正当竞争法

第一章	总　则	(108)
第二章	不正当竞争行为	(109)
第三章	对涉嫌不正当竞争行为的调查	(112)
第四章	法律责任	(113)
第五章	附　则	(115)

中华人民共和国反垄断法

第一章　总　　则 …………………………………（116）
第二章　垄断协议 …………………………………（118）
第三章　滥用市场支配地位 ………………………（120）
第四章　经营者集中 ………………………………（121）
第五章　滥用行政权力排除、限制竞争 …………（124）
第六章　对涉嫌垄断行为的调查 …………………（125）
第七章　法律责任 …………………………………（127）
第八章　附　　则 …………………………………（129）
附　录
　　反价格垄断规定 ………………………………（130）

中华人民共和国计量法

中华人民共和国主席令
第二十六号

《全国人民代表大会常务委员会关于修改〈中华人民共和国计量法〉等五部法律的决定》已由中华人民共和国第十二届全国人民代表大会常务委员会第十四次会议于2015年4月24日通过，现予公布，自公布之日起施行。

中华人民共和国主席　习近平
2015年4月24日

（1985年9月6日第六届全国人民代表大会常务委员会第十二次会议通过；根据2009年8月27日第十一届全国人民代表大会常务委员会第十次会议《关于修改部分法律的决定》第一次修正；根据2013年12月28日第十二届全国人民代表大会常务委员会第六次会

议《关于修改〈中华人民共和国海洋环境保护法〉等七部法律的决定》第二次修正；根据2015年4月24日第十二届全国人民代表大会常务委员会第十四次会议《关于修改〈中华人民共和国计量法〉等五部法律的决定》第三次修正)

第一章　总　则

第一条　为了加强计量监督管理，保障国家计量单位制的统一和量值的准确可靠，有利于生产、贸易和科学技术的发展，适应社会主义现代化建设的需要，维护国家、人民的利益，制定本法。

第二条　在中华人民共和国境内，建立计量基准器具、计量标准器具，进行计量检定，制造、修理、销售、使用计量器具，必须遵守本法。

第三条　国家采用国际单位制。

国际单位制计量单位和国家选定的其他计量单位，为国家法定计量单位。国家法定计量单位的名称、符号由国务院公布。

非国家法定计量单位应当废除。废除的办法由国务院制定。

第四条　国务院计量行政部门对全国计量工作实施统一监督管理。

县级以上地方人民政府计量行政部门对本行政区域内的计量工作实施监督管理。

第二章　计量基准器具、计量标准器具和计量检定

第五条　国务院计量行政部门负责建立各种计量基准器具，作为统一全国量值的最高依据。

第六条　县级以上地方人民政府计量行政部门根据本地区的需要，建立社会公用计量标准器具，经上级人民政府计量行政部门主持考核合格后使用。

第七条　国务院有关主管部门和省、自治区、直辖市人民政府有关主管部门，根据本部门的特殊需要，可以建立本部门使用的计量标准器具，其各项最高计量标准器具经同级人民政府计量行政部门主持考核合格后使用。

第八条　企业、事业单位根据需要，可以建立本单位使用的计量标准器具，其各项最高计量标准器具经有关人民政府计量行政部门主持考核合格后使用。

第九条　县级以上人民政府计量行政部门对社会公用计量标准器具，部门和企业、事业单位使用的最高计量标准器具，以及用于贸易结算、安全防护、医疗卫生、环境监测方面的列入强制检定目录的工作计量器具，实行强制检定。未按照规定申请检定或者检定不合格的，不得使用。实行强制检定的工作计量器具的目录和管理办法，由国务院制定。

对前款规定以外的其他计量标准器具和工作计量器具，使用单位应当自行定期检定或者送其他计量检定机构检定，县级以上人民政府计量行政部门应当进行监督检查。

第十条　计量检定必须按照国家计量检定系统表进行。国

家计量检定系统表由国务院计量行政部门制定。

计量检定必须执行计量检定规程。国家计量检定规程由国务院计量行政部门制定。没有国家计量检定规程的，由国务院有关主管部门和省、自治区、直辖市人民政府计量行政部门分别制定部门计量检定规程和地方计量检定规程。

第十一条 计量检定工作应当按照经济合理的原则，就地就近进行。

第三章 计量器具管理

第十二条 制造、修理计量器具的企业、事业单位，必须具备与所制造、修理的计量器具相适应的设施、人员和检定仪器设备，经县级以上人民政府计量行政部门考核合格，取得《制造计量器具许可证》或者《修理计量器具许可证》。

第十三条 制造计量器具的企业、事业单位生产本单位未生产过的计量器具新产品，必须经省级以上人民政府计量行政部门对其样品的计量性能考核合格，方可投入生产。

第十四条 未经省、自治区、直辖市人民政府计量行政部门批准，不得制造、销售和进口国务院规定废除的非法定计量单位的计量器具和国务院禁止使用的其他计量器具。

第十五条 制造、修理计量器具的企业、事业单位必须对制造、修理的计量器具进行检定，保证产品计量性能合格，并对合格产品出具产品合格证。

县级以上人民政府计量行政部门应当对制造、修理的计量器具的质量进行监督检查。

第十六条 使用计量器具不得破坏其准确度，损害国家和消费者的利益。

第十七条 个体工商户可以制造、修理简易的计量器具。

制造、修理计量器具的个体工商户，必须经县级人民政府计量行政部门考核合格，发给《制造计量器具许可证》或者《修理计量器具许可证》。

个体工商户制造、修理计量器具的范围和管理办法，由国务院计量行政部门制定。

第四章 计量监督

第十八条 县级以上人民政府计量行政部门，根据需要设置计量监督员。计量监督员管理办法，由国务院计量行政部门制定。

第十九条 县级以上人民政府计量行政部门可以根据需要设置计量检定机构，或者授权其他单位的计量检定机构，执行强制检定和其他检定、测试任务。

执行前款规定的检定、测试任务的人员，必须经考核合格。

第二十条 处理因计量器具准确度所引起的纠纷，以国家计量基准器具或者社会公用计量标准器具检定的数据为准。

第二十一条 为社会提供公证数据的产品质量检验机构，必须经省级以上人民政府计量行政部门对其计量检定、测试的能力和可靠性考核合格。

第五章 法律责任

第二十二条 未取得《制造计量器具许可证》、《修理计量器具许可证》制造或者修理计量器具的，责令停止生产、停止营业，没收违法所得，可以并处罚款。

第二十三条 制造、销售未经考核合格的计量器具新产品的，责令停止制造、销售该种新产品，没收违法所得，可以并处罚款。

第二十四条 制造、修理、销售的计量器具不合格的，没收违法所得，可以并处罚款。

第二十五条 属于强制检定范围的计量器具，未按照规定申请检定或者检定不合格继续使用的，责令停止使用，可以并处罚款。

第二十六条 使用不合格的计量器具或者破坏计量器具准确度，给国家和消费者造成损失的，责令赔偿损失，没收计量器具和违法所得，可以并处罚款。

第二十七条 制造、销售、使用以欺骗消费者为目的的计量器具的，没收计量器具和违法所得，处以罚款；情节严重的，并对个人或者单位直接责任人员依照刑法有关规定追究刑事责任。

第二十八条 违反本法规定，制造、修理、销售的计量器具不合格，造成人身伤亡或者重大财产损失的，依照刑法有关规定，对个人或者单位直接责任人员追究刑事责任。

第二十九条 计量监督人员违法失职，情节严重的，依照刑法有关规定追究刑事责任；情节轻微的，给予行政处分。

第三十条 本法规定的行政处罚，由县级以上地方人民政府计量行政部门决定。本法第二十六条规定的行政处罚，也可以由工商行政管理部门决定。

第三十一条 当事人对行政处罚决定不服的，可以在接到处罚通知之日起十五日内向人民法院起诉；对罚款、没收违法所得的行政处罚决定期满不起诉又不履行的，由作出行政处罚决定的机关申请人民法院强制执行。

第六章　附　则

第三十二条　中国人民解放军和国防科技工业系统计量工作的监督管理办法，由国务院、中央军事委员会依据本法另行制定。

第三十三条　国务院计量行政部门根据本法制定实施细则，报国务院批准施行。

第三十四条　本法自1986年7月1日起施行。

中华人民共和国计量法实施细则

中华人民共和国国务院令
第 676 号

现公布《国务院关于修改和废止部分行政法规的决定》，自公布之日起施行。

总理　李克强
2017 年 3 月 1 日

（1987 年 1 月 19 日国务院批准；1987 年 2 月 1 日国家计量局发布；根据 2016 年 2 月 6 日《国务院关于修改部分行政法规的决定》第一次修订；根据 2017 年 3 月 1 日《国务院关于修改和废止部分行政法规的决定》第二次修订）

第一章　总　则

第一条　根据《中华人民共和国计量法》的规定，制定本细则。

第二条　国家实行法定计量单位制度。国家法定计量单位的名称、符号和非国家法定计量单位的废除办法，按照国务院关于在我国统一实行法定计量单位的有关规定执行。

第三条　国家有计划地发展计量事业，用现代计量技术装备各级计量检定机构，为社会主义现代化建设服务，为工农业生产、国防建设、科学实验、国内外贸易以及人民的健康、安全提供计量保证，维护国家和人民的利益。

第二章　计量基准器具和计量标准器具

第四条　计量基准器具（简称计量基准，下同）的使用必须具备下列条件：

（一）经国家鉴定合格；

（二）具有正常工作所需要的环境条件；

（三）具有称职的保存、维护、使用人员；

（四）具有完善的管理制度。

符合上述条件的，经国务院计量行政部门审批并颁发计量基准证书后，方可使用。

第五条　非经国务院计量行政部门批准，任何单位和个人不得拆卸、改装计量基准，或者自行中断其计量检定工作。

第六条　计量基准的量值应当与国际上的量值保持一致。国务院计量行政部门有权废除技术水平落后或者工作状况不适应需要的计量基准。

第七条　计量标准器具（简称计量标准，下同）的使用，必须具备下列条件：

（一）经计量检定合格；

（二）具有正常工作所需要的环境条件；

（三）具有称职的保存、维护、使用人员；

（四）具有完善的管理制度。

第八条 社会公用计量标准对社会上实施计量监督具有公证作用。县级以上地方人民政府计量行政部门建立的本行政区域内最高等级的社会公用计量标准，须向上一级人民政府计量行政部门申请考核；其他等级的，由当地人民政府计量行政部门主持考核。

经考核符合本细则第七条规定条件并取得考核合格证的，由当地县级以上人民政府计量行政部门审批颁发社会公用计量标准证书后，方可使用。

第九条 国务院有关主管部门和省、自治区、直辖市人民政府有关主管部门建立的本部门各项最高计量标准，经同级人民政府计量行政部门考核，符合本细则第七条规定条件并取得考核合格证的，由有关主管部门批准使用。

第十条 企业、事业单位建立本单位各项最高计量标准，须向与其主管部门同级的人民政府计量行政部门申请考核。乡镇企业向当地县级人民政府计量行政部门申请考核。经考核符合本细则第七条规定条件并取得考核合格证的，企业、事业单位方可使用，并向其主管部门备案。

第三章 计量检定

第十一条 使用实行强制检定的计量标准的单位和个人，应当向主持考核该项计量标准的有关人民政府计量行政部门申请周期检定。

使用实行强制检定的工作计量器具的单位和个人，应当向当地县（市）级人民政府计量行政部门指定的计量检定机构申请周期检定。当地不能检定的，向上一级人民政府计量行政部门指定的计量检定机构申请周期检定。

第十二条　企业、事业单位应当配备与生产、科研、经营管理相适应的计量检测设施，制定具体的检定管理办法和规章制度，规定本单位管理的计量器具明细目录及相应的检定周期，保证使用的非强制检定的计量器具定期检定。

第十三条　计量检定工作应当符合经济合理、就地就近的原则，不受行政区划和部门管辖的限制。

第四章　计量器具的制造和修理

第十四条　企业、事业单位申请办理《制造计量器具许可证》，由与其主管部门同级的人民政府计量行政部门进行考核；乡镇企业由当地县级人民政府计量行政部门进行考核。经考核合格，取得《制造计量器具许可证》的，准予使用国家统一规定的标志，有关主管部门方可批准生产。

第十五条　对社会开展经营性修理计量器具的企业、事业单位，办理《修理计量器具许可证》，可直接向当地县（市）级人民政府计量行政部门申请考核。当地不能考核的，可以向上一级地方人民政府计量行政部门申请考核。经考核合格取得《修理计量器具许可证》的，方可准予使用国家统一规定的标志和批准营业。

第十六条　制造、修理计量器具的个体工商户，须在固定的场所从事经营。申请《制造计量器具许可证》或者《修理计量器具许可证》，按照本细则第十五条规定的程序办理。凡易地经营的，须经所到地方的人民政府计量行政部门验证核准。

第十七条 对申请《制造计量器具许可证》和《修理计量器具许可证》的企业、事业单位或个体工商户进行考核的内容为：

（一）生产设施；

（二）出厂检定条件；

（三）人员的技术状况；

（四）有关技术文件和计量规章制度。

第十八条 凡制造在全国范围内从未生产过的计量器具新产品，必须经过定型鉴定。定型鉴定合格后，应当履行型式批准手续，颁发证书。在全国范围内已经定型，而本单位未生产过的计量器具新产品，应当进行样机试验。样机试验合格后，发给合格证书。凡未经型式批准或者未取得样机试验合格证书的计量器具，不准生产。

第十九条 计量器具新产品定型鉴定，由国务院计量行政部门授权的技术机构进行；样机试验由所在地方的省级人民政府计量行政部门授权的技术机构进行。

计量器具新产品的型式，由当地省级人民政府计量行政部门批准。省级人民政府计量行政部门批准的型式，经国务院计量行政部门审核同意后，作为全国通用型式。

第二十条 申请计量器具新产品定型鉴定和样机试验的单位，应当提供新产品样机及有关技术文件、资料。

负责计量器具新产品定型鉴定和样机试验的单位，对申请单位提供的样机和技术文件、资料必须保密。

第二十一条 对企业、事业单位制造、修理计量器具的质量，各有关主管部门应当加强管理，县级以上人民政府计量行政部门有权进行监督检查，包括抽检和监督试验。凡无产品合格印、证，或者经检定不合格的计量器具，不准出厂。

第五章 计量器具的销售和使用

第二十二条 外商在中国销售计量器具，须比照本细则第十八条的规定向国务院计量行政部门申请型式批准。

第二十三条 县级以上地方人民政府计量行政部门对当地销售的计量器具实施监督检查。凡没有产品合格印、证和《制造计量器具许可证》标志的计量器具不得销售。

第二十四条 任何单位和个人不得经营销售残次计量器具零配件，不得使用残次零配件组装和修理计量器具。

第二十五条 任何单位和个人不准在工作岗位上使用无检定合格印、证或者超过检定周期以及经检定不合格的计量器具。在教学示范中使用计量器具不受此限。

第六章 计量监督

第二十六条 国务院计量行政部门和县级以上地方人民政府计量行政部门监督和贯彻实施计量法律、法规的职责是：

（一）贯彻执行国家计量工作的方针、政策和规章制度，推行国家法定计量单位；

（二）制定和协调计量事业的发展规划，建立计量基准和社会公用计量标准，组织量值传递；

（三）对制造、修理、销售、使用计量器具实施监督；

（四）进行计量认证，组织仲裁检定，调解计量纠纷；

（五）监督检查计量法律、法规的实施情况，对违反计量法律、法规的行为，按照本细则的有关规定进行处理。

第二十七条　县级以上人民政府计量行政部门的计量管理人员，负责执行计量监督、管理任务；计量监督员负责在规定的区域、场所巡回检查，并可根据不同情况在规定的权限内对违反计量法律、法规的行为，进行现场处理，执行行政处罚。

计量监督员必须经考核合格后，由县级以上人民政府计量行政部门任命并颁发监督员证件。

第二十八条　县级以上人民政府计量行政部门依法设置的计量检定机构，为国家法定计量检定机构。其职责是：负责研究建立计量基准、社会公用计量标准，进行量值传递，执行强制检定和法律规定的其他检定、测试任务，起草技术规范，为实施计量监督提供技术保证，并承办有关计量监督工作。

第二十九条　国家法定计量检定机构的计量检定人员，必须经考核合格。

计量检定人员的技术职务系列，由国务院计量行政部门会同有关主管部门制定。

第三十条　县级以上人民政府计量行政部门可以根据需要，采取以下形式授权其他单位的计量检定机构和技术机构，在规定的范围内执行强制检定和其他检定、测试任务：（一）授权专业性或区域性计量检定机构，作为法定计量检定机构。

（二）授权建立社会公用计量标准；

（三）授权某一部门或某一单位的计量检定机构，对其内部使用的强制检定计量器具执行强制检定；

（四）授权有关技术机构，承担法律规定的其他检定、测试任务。

第三十一条 根据本细则第三十条规定被授权的单位，应当遵守下列规定：

（一）被授权单位执行检定、测试任务的人员，必须经考核合格；

（二）被授权单位的相应计量标准，必须接受计量基准或者社会公用计量标准的检定；

（三）被授权单位承担授权的检定、测试工作，须接受授权单位的监督；

（四）被授权单位成为计量纠纷中当事人一方时，在双方协商不能自行解决的情况下，由县级以上有关人民政府计量行政部门进行调解和仲裁检定。

第七章 产品质量检验机构的计量认证

第三十二条 为社会提供公证数据的产品质量检验机构，必须经省级以上人民政府计量行政部门计量认证。

第三十三条 产品质量检验机构计量认证的内容

（一）计量检定、测试设备的性能；

（二）计量检定、测试设备的工作环境和人员的操作技能；

（三）保证量值统一、准确的措施及检测数据公正可靠的管理制度。

第三十四条 产品质量检验机构提出计量认证申请后，省级上人民政府计量行政部门应指定所属的计量检定机构或者被授权的技术机构按照本细则第三十三条规定的内容进行考核。考核合格后，由接受申请的省级以上人民政府计量行政部门发给计量认证合格证书。未取得计量认证合格证书的，不得开展产品质量检验工作。

第三十五条 省级以上人民政府计量行政部门有权对计量认证合格的产品质量检验机构，按照本细则第三十三条规定的内容进行监督检查。

第三十六条 已经取得计量认证合格证书的产品质量检验机构、需新增检验项目时，应按照本细则有关规定，申请单项计量认证。

第八章 计量调解和仲裁检定

第三十七条 县级以上人民政府计量行政部门负责计量纠纷的调解和仲裁检定，并可根据司法机关、合同管理机关、涉外仲裁机关或者其他单位的委托，指定有关计量检定机构进行仲裁检定。

第三十八条 在调解、仲裁及案件审理过程中，任何一方当事人均不得改变与计量纠纷有关的计量器具的技术状态。

第三十九条 计量纠纷当事人对仲裁检定不服的，可以在接到仲裁检定通知书之日起十五日内向上一级人民政府计量行政部门申诉。上一级人民政府计量行政部门进行的仲裁检定为终局仲裁检定。

第九章 费 用

第四十条 建立计量标准申请考核,使用计量器具申请检定,制造计量器具新产品申请定型和样机试验,制造、修理计量器具申请许可证,以及申请计量认证和仲裁检定,应当缴纳费用,具体收费办法或收费标准,由国务院计量行政部门会同国家财政,物价部门统一制定。

第四十一条 县级以上人民政府计量行政部门实施监督检查所进行的检定和试验不收费。被检查的单位有提供样机和检定试验条件的义务。

第四十二条 县级以上人民政府计量行政部门所属的计量检定机构,为贯彻计量法律、法规,实施计量监督提供技术保证所需要的经费,按照国家财政管理体制的规定,分别列入各级财政预算。

第十章 法律责任

第四十三条 违反本细则第二条规定,使用非法定计量单位的,责令其改正;属出版物的、责令其停止销售,可并处一千元以下的罚款。

第四十四条 违反《中华人民共和国计量法》第十四条规定,制造、销售和进口国务院规定废除的非法定计量单位的计量器具和国务院禁止使用的其他计量器具,责令其停止制造、销售和进口,没收计量器具和全部违法所得,可并处相当其违法所得百分之十至百分之五十的罚款。

第四十五条 部门和企业、事业单位的各项最高计量标准，未经有关人民政府计量行政部门考核合格而开展计量检定的，责令其停止使用，可并处一千元以下的罚款。

第四十六条 属于强制检定范围的计量器具，未按照规定申请检定和属于非强制检定范围的计量器具未自行定期检定或者送其他计量检定机构定期检定的，以及经检定不合格继续使用的，责令其停止使用，可并处一千元以下的罚款。

第四十七条 未取得《制造计量器具许可证》或者《修理计量器具许可证》制造、修理计量器具的，责令其停止生产、停止营业，封存制造、修理的计量器具，没收全部违法所得，可并处相当其违法所得百分之十至百分之五十的罚款。

第四十八条 制造、销售未经型式批准或样机试验合格的计量器具新产品的，责令其停止制造、销售，封存该种新产品，没收全部违法所得，可并处三千以下的罚款。

第四十九条 制造、修理的计量器具未经出厂检定或者经检定不合格而出厂的，责令其停止出厂，没收全部违法所得；情节严重的，可并处三千元以下的罚款。

第五十条 使用不合格计量器具或者破坏计量器具准确度和伪造数据，给国家和销费者造成损失的，责令其赔偿损失，没收计量器具和全部违法所得，可并处二千元以下的罚款。

第五十一条 经营销售残次计量器具零配件的，责令其停止经营销售，没收残次计量器具零配件和全部违法所得，可并处二千元以下的罚款；情节严重的，由工商行政管理部门吊销其营业执照。

第五十二条 制造、销售、使用以欺骗消费者为目的的计量器具的单位和个人,没收其计量器具和全部违法所得,可并处二千元以下的罚款;构成犯罪的,对个人或者单位直接责任人员,依法追究刑事责任。

第五十三条 个体工商户制造、修理国家规定范围以外的计量器具或者不按照规定场所从事经营活动的,责令其停止制造、修理、没收全部违法所得,可并处以五百元以下的罚款。

第五十四条 未取得计量认证合格证书的产品质量检验机构,为社会提供公证数据的,责令其停止检验,可并处一千元以下的罚款。

第五十五条 伪造、盗用、倒卖强制检定印、证的,没收其非法检定印、证和全部违法所得,可并处二千元以下的罚款;构成犯罪的,依法追究刑事责任。

第五十六条 计量监督管理人员违法失职,徇私舞弊,情节轻微的,给予行政处分;构成犯罪的,依法追究刑事责任。

第五十七条 负责计量器具新产品定型鉴定、样机试验的单位,违反本细则第二十条第二款规定的,应当按照国家有关规定,赔偿申请单位的损失,并给予直接责任人员行政处分;构成犯罪的,依法追究刑事责任。

第五十八条 计量检定人员有下列行为之一的,给予行政处分;构成犯罪的,依法追究刑事责任。

(一)伪造检定数据的;

(二)出具错误数据,给送检一方造成损失的;

(三)违反计量检定规程进行计量检定的;

（四）使用未经考核合格的计量标准开展检定的；

（五）未经考核合格执行计量检定的。

第五十九条 本细则规定的行政处罚，由县级以上地方人民政府计量行政部门决定。罚款一万元以上的，应当报省级人民政府计量行政部门决定。没收违法所得及罚款一律上缴国库。

本细则第五十条规定的行政处罚，也可以由工商行政管理部门决定。

第十一章 附 则

第六十条 本细则下列用语的含义是：

（一）计量器具是指能用以直接或间接测出被测对象量值的装置、仪器仪表、量具和用于统一量值的标准物质，包括计量基准、计量标准、工作计量器具。

（二）计量检定是指为评定计量器具的计量性能，确定其是否合格所进行的全部工作。

（三）定型鉴定是指对计量器具新产品样机的计量性能进行全面审查、考核。

（四）计量认证是指政府计量行政部门对有关技术机构计量检定、测试的能力和可靠性进行的考核和证明。

（五）计量检定机构是指承担计量检定工作的有关技术机构。

（六）仲裁检定是指用计量基准或者社会公用计量标准所进行的以裁决为目的计量检定、测试活动。

第六十一条 中国人民解放军和国防科技工业系统涉及本

系统以外的计量工作的监督管理，亦适用本细则。

第六十二条 本细则有关的管理办法、管理范围和各种印、证、标志，由国务院计量行政部门制定。

第六十三条 本细则由国务院计量行政部门负责解释。

第六十四条 本细则自发布之日起施行。

附 录

计量违法行为处罚细则

国家质量监督检验检疫总局令

第 166 号

《国家质量监督检验检疫总局关于修改部分规章的决定》已经2015年7月10日国家质量监督检验检疫总局局务会议审议通过，现予公布，自公布之日起施行。

局长　支树平

2015 年 8 月 25 日

(1990年8月25日国家技术监督局令第14号发布；根据2015年8月25日《国家质量监督检验检疫总局关于修改部分规章的决定》修订)

第一章　总　则

第一条　根据《中华人民共和国计量法》、《中华人民共和国计量法实施细则》及有关法律、法规的规定，制定本细则。

第二条　在中华人民共和国境内，对违反计量法律、法规行为的处罚,适用本细则。

第三条 县级以上地方人民政府计量行政部门负责对违反计量法律、法规的行为执行行政处罚。

法律、法规另有规定的,按法律、法规规定的执行。

第四条 处理违反计量法律、法规的行为,必须坚持以事实为依据,以法律为准绳,做到事实清楚,证据确凿,适用法律、法规正确,符合规定程序。

第二章 违反计量法律、法规的行为及处理

第五条 对违反计量法律、法规行为的行政处罚包括:

(一)责令改正;

(二)责令停止生产、营业、制造、出厂、修理、销售、使用、检定、测试、检验、进口;

(三)责令赔偿损失;

(四)吊销证书;

(五)没收违法所得、计量器具、残次计量器具零配件及非法检定印、证;

(六)罚款。

第六条 违反计量法律、法规使用非法定计量单位的,按以下规定处罚:

(一)非出版物使用非法定计量单位的,责令其改正。

(二)出版物使用非法定计量单位的,责令其停止销售,可并处一千元以下罚款。

第七条 损坏计量基准,或未经国务院计量行政部门批准,随意拆卸、改装计量基准,或自行中断、擅自终止检定工作的,对直接责任人员进行批评教育,给予行政处分;构成犯罪的,

依法追究刑事责任。

第八条 社会公用计量标准，经检查达不到原考核条件的，责令其停止使用，限期整改；经整改仍达不到原考核条件的，由原发证机关吊销其证书。

第九条 部门和企业、事业单位使用的各项最高计量标准，违反计量法律、法规的，按以下规定处罚：（一）未取得有关人民政府计量行政部门颁发的计量标准考核证书而开展检定的，责令其停止使用，可并处一千元以下罚款。

（二）计量标准考核证书有效期满，未经原发证机关复查合格而继续开展检定的，责令其停止使用，限期申请复查；逾期不申请复查的，由原发证机关吊销其证书。

（三）考核合格投入使用的计量标准，经检查达不到原考核条件的，责令其停止使用，限期整改；经整改仍达不到原考核条件的，由原发证机关吊销其证书。

第十条 被授权单位违反计量法律、法规的，按以下规定处罚：

（一）被授权项目经检查达不到原考核条件，责令其停止检定、测试，限期整改；经整改仍达不到原考核条件的，由授权机关撤销其计量授权。

（二）超出授权项目擅自对外进行检定、测试的，责令其改正，没收全部违法所得，情节严重的，吊销计量授权证书。

（三）未经授权机关批准，擅自终止所承担的授权工作，给有关单位造成损失的，责令其赔偿损失。

第十一条 未经有关人民政府计量行政部门授权，擅自对外进行检定、测试的，没收全部违法所得。给有关单位造成损失的，责令其赔偿损失。

第十二条 使用计量器具违反计量法律、法规的,按以下规定处罚:

(一)社会公用计量标准和部门、企业、事业单位各项最高计量标准,未按照规定申请检定的或超过检定周期而继续使用的,责令其停止使用,可并处五百元以下罚款;经检定不合格而继续使用的,责令其停止使用,可并处一千元以下罚款。

(二)属于强制检定的工作计量器具,未按照规定申请检定或超过检定周期而继续使用的,责令其停止使用,可并处五百元以下罚款;经检定不合格而继续使用的,责令其停止使用,可并处一千元以下罚款。

(三)属于非强制检定的计量器具,未按照规定自行定期检定或者送其他有权对社会开展检定工作的计量检定机构定期检定的,责令其停止使用,可并处二百元以下罚款;经检定不合格而继续使用的,责令其停止使用,可并处五百元以下罚款。

(四)在经销活动中,使用非法定计量单位计量器具的,没收该计量器具。

(五)使用不合格的计量器具给国家或消费者造成损失的,责令赔偿损失,没收计量器具和全部违法所得,可并处二千元以下罚款。

(六)使用以欺骗消费者为目的的计量器具或者破坏计量器具准确度、伪造数据,给国家或消费者造成损失的,责令赔偿损失,没收计量器具和全部违法所得,可并处二千元以下罚款;构成犯罪的,依法追究刑事责任。

第十三条 进口计量器具,以及外商(含外国制造商、经销商)或其代理人在中国销售计量器具,违反计量法律、法规的,按以下规定处罚:

（一）未经省、自治区、直辖市人民政府计量行政部门批准，进口、销售国务院规定废除的非法定计量单位的计量器具或国务院禁止使用的其他计量器具的，责令其停止进口、销售，没收计量器具和全部违法所得，可并处相当其违法所得百分之十至百分之五十的罚款。

（二）进口、销售列入《中华人民共和国进口计量器具型式审查目录》内的计量器具，未经国务院计量行政部门型式批准的，封存计量器具，责令其补办型式批准手续，没收全部违法所得，可并处相当其进口额或销售额百分之三十以下的罚款。

第十四条　制造、修理计量器具，违反计量法律、法规的，按以下规定处罚：

（一）未经批准制造国务院规定废除的非法定计量单位的计量器具和国务院禁止使用的其他计量器具的，责令其停止制造、销售，没收计量器具和全部违法所得，可并处相当其违法所得百分之十至百分之五十的罚款。

（二）未取得制造、修理计量器具许可证，制造、修理计量器具的，责令其停止生产、停止营业，封存制造、修理的计量器具，没收全部违法所得，可并处相当其违法所得百分之十至百分之五十的罚款。

（三）未取得制造计量器具许可证而擅自使用许可证标志和编号制造、销售计量器具的，责令其停止制造、销售，没收计量器具和全部违法所得，可并处相当其违法所得百分之二十至百分之五十的罚款。

（四）取得制造、修理计量器具许可证后，其制造、修理条件仍达不到原考核条件的，限期整改；经整改仍达不到原考核要求的，由原发证机关吊销其制造、修理计量器具许可证。

（五）制造、销售未经型式批准或样机试验合格的计量器具新产品的，责令其停止制造、销售，封存该种新产品，没收全部违法所得，可并处三千元以下罚款。

（六）企业、事业单位制造、修理的计量器具未经出厂检定或经检定不合格而出厂的，责令其停止出厂，没收全部违法所得；情节严重的，可并处三千元以下罚款。个体工商户制造、修理计量器具未经检定或经检定不合格而销售或交付用户使用的，责令其停止制造、修理或者重修、重检，没收全部违法所得；情节严重的，可并处五百元以下的罚款。

（七）个体工商户制造、修理国家规定范围以外的计量器具或者不按规定场所从事经营活动的，责令其停止制造、修理，没收全部违法所得，可并处五百元以下的罚款。

第十五条　制造、修理、销售以欺骗消费者为目的的计量器具的，没收计量器具和全部违法所得，可并处二千元以下罚款；构成犯罪的，对个人或单位直接责任人员，依法追究刑事责任。

第十六条　已取得制造许可证的计量器具，在销售时，没有产品合格印、证或没有使用制造许可证标志的，责令其停止销售；销售超过有效期的标准物质的，没收该种标准物质和全部违法所得。

第十七条　经营销售残次计量器具零配件的，使用残次计量器具零配件组装、修理计量器具的，责令其停止经营销售，没收残次计量器具零配件及组装的计量器具和全部违法所得，可并处二千元以下的罚款；情节严重的，由工商行政管理部门吊销其营业执照。

第十八条　为社会提供公证数据的产品质量检验机构，违反计量法律、法规的，按以下规定处罚：

（一）未取得计量认证合格证书或已经取得计量认证合格证书，新增检验项目，未申请单项计量认证，为社会提供公证数据的，责令其停止检验，没收全部违法所得，可并处一千元以下罚款。

（二）已取得计量认证合格证书，经检查不符合原考核条件的，限期整改，经整改仍达不到原考核条件的，由原发证机关吊销其计量认证合格证书，停止其使用计量认证标志。

（三）经计量认证合格的产品质量检验机构，失去公正地位的，由原发证机关吊销其计量认证合格证书，停止其使用计量认证标志。

第十九条　伪造、盗用、倒卖检定印、证的，没收其非法检定印、证和全部违法所得，可并处二千元以下罚款；构成犯罪的，依法追究刑事责任。

第二十条　计量监督管理人员违法失职，情节轻微的，给予行政处分，或由有关人民政府计量行政部门撤销其计量监督员职务；利用职权收受贿赂、徇私舞弊，构成犯罪的，依法追究刑事责任。

第二十一条　负责计量器具新产品定型鉴定、样机试验的单位，泄漏申请单位提供的样机和技术文件、资料秘密的，按国家有关规定，赔偿申请单位的损失，并给予直接责任人员行政处分；构成犯罪的，依法追究刑事责任。

第二十二条　计量检定人员有下列行为之一的，给予行政处分；构成犯罪的，依法追究刑事责任：

（一）违反检定规程进行计量检定的；

（二）使用未经考核合格的计量标准开展检定的；

（三）未取得计量检定证件进行计量检定的；

（四）伪造检定数据的。

第二十三条 计量检定人员出具错误数据，给送检一方造成损失的，由其所在的技术机构赔偿损失；情节轻微的，给予计量检定人员行政处分；构成犯罪的，依法追究其刑事责任。

第二十四条 执行强制检定的工作计量器具任务的机构无故拖延检定期限的，送检单位可免交检定费；给送检单位造成损失的，应赔偿损失；情节严重的，给予直接责任人员行政处分。

第二十五条 同一单位或个人，有两种以上违法行为的，分别处罚，合并执行。同一案件涉及两个以上单位或个人的，根据情节轻重，分别处罚。

第二十六条 有下列情况之一的，可以从轻或免予处罚：

（一）情节特别轻微的；

（二）初次违法，情节较轻的；

（三）认错态度好，能积极有效地配合查处工作的；

（四）主动改正的。

第二十七条 有下列情况之一的，按规定处罚幅度的上限从重处罚：

（一）屡教不改的；

（二）明知故犯的；

（三）借故刁难监督检查或检定的；

（四）后果严重、危害性大的；

（五）转移、毁灭证据或擅自改变与案件有关的计量器具原始技术状态的；

（六）作假证、伪证或威胁利诱他人作假证、伪证的。

第二十八条 围攻、报复计量执法人员、检定人员，或以暴力威胁手段阻碍计量执法人员、检定人员执行公务的，提请公安机关或司法部门追究法律责任。

第二十九条 当事人对行政处罚决定不服的，可在接到处罚通知之日起十五日内向作出处罚决定机关的上一级机关申请复议；对复议结果不服的，可向人民法院起诉。

对处罚决定逾期不申请复议或不起诉，又不履行的，由作出处罚决定的机关申请人民法院强制执行。

第三章 附　则

第三十条 本细则下列用语的含义是：

（一）伪造数据是指单位或个人使用合格的计量器具，进行不诚实的测量，出具虚假数据或者定量包装商品实际量与标注量不符的违法行为。

（二）出版物是指公开或内部发行的，除古籍和文学书籍以外的图书、报纸、期刊，以及除文艺作品外的音像制品。

（三）非出版物是指公文、统计报表、商品包装物、产品铭牌、说明书、标签标价、票据收据等。

第三十一条 本细则由国家技术监督局负责解释。

第三十二条 本细则自发布之日起施行。

网络交易管理办法

国家工商行政管理总局令
第 60 号

《网络交易管理办法》已经中华人民共和国国家工商行政管理总局局务会审议通过,现予公布,自 2014 年 3 月 15 日起施行。

局长　张茅
2014 年 1 月 26 日

第一章　总　则

第一条　为规范网络商品交易及有关服务,保护消费者和经营者的合法权益,促进网络经济持续健康发展,依据《消费者权益保护法》、《产品质量法》、《反不正当竞争法》、《合同法》、《商标法》、《广告法》、《侵权责任法》和《电子签名法》等法律、法规,制定本办法。

第二条 在中华人民共和国境内从事网络商品交易及有关服务,应当遵守中华人民共和国法律、法规和本办法的规定。

第三条 本办法所称网络商品交易,是指通过互联网(含移动互联网)销售商品或者提供服务的经营活动。

本办法所称有关服务,是指为网络商品交易提供第三方交易平台、宣传推广、信用评价、支付结算、物流、快递、网络接入、服务器托管、虚拟空间租用、网站网页设计制作等营利性服务。

第四条 从事网络商品交易及有关服务应当遵循自愿、公平、诚实信用的原则,遵守商业道德和公序良俗。

第五条 鼓励支持网络商品经营者、有关服务经营者创新经营模式,提升服务水平,推动网络经济发展。

第六条 鼓励支持网络商品经营者、有关服务经营者成立行业组织,建立行业公约,推动行业信用建设,加强行业自律,促进行业规范发展。

第二章 网络商品经营者和有关服务经营者的义务

第一节 一般性规定

第七条 从事网络商品交易及有关服务的经营者,应当依法办理工商登记。

从事网络商品交易的自然人,应当通过第三方交易平台开展经营活动,并向第三方交易平台提交其姓名、地址、有效身份证明、有效联系方式等真实身份信息。具备登记注册条件的，依法办理工商登记。

从事网络商品交易及有关服务的经营者销售的商品或者提供的服务属于法律、行政法规或者国务院决定规定应当取得行政许可的，应当依法取得有关许可。

第八条 已经工商行政管理部门登记注册并领取营业执照的法人、其他经济组织或者个体工商户，从事网络商品交易及有关服务的，应当在其网站首页或者从事经营活动的主页面醒目位置公开营业执照登载的信息或者其营业执照的电子链接标识。

第九条 网上交易的商品或者服务应当符合法律、法规、规章的规定。法律、法规禁止交易的商品或者服务，经营者不得在网上进行交易。

第十条 网络商品经营者向消费者销售商品或者提供服务，应当遵守《消费者权益保护法》和《产品质量法》等法律、法规、规章的规定，不得损害消费者合法权益。

第十一条 网络商品经营者向消费者销售商品或者提供服务，应当向消费者提供经营地址、联系方式、商品或者服务的数量和质量、价款或者费用、履行期限和方式、支付形式、退换货方式、安全注意事项和风险警示、售后服务、民事责任等信息，采取安全保障措施确保交易安全可靠，并按照承诺提供商品或者服务。

第十二条 网络商品经营者销售商品或者提供服务，应当保证商品或者服务的完整性，不得将商品或者服务不合理拆分出售，不得确定最低消费标准或者另行收取不合理的费用。

第十三条 网络商品经营者销售商品或者提供服务，应当按照国家有关规定或者商业惯例向消费者出具发票等购货凭证或者服务单据；征得消费者同意的，可以以电子化形式出具。电子化的购货凭证或者服务单据，可以作为处理消费投诉的依据。

消费者索要发票等购货凭证或者服务单据的，网络商品经营者必须出具。

第十四条 网络商品经营者、有关服务经营者提供的商品或者服务信息应当真实准确，不得作虚假宣传和虚假表示。

第十五条 网络商品经营者、有关服务经营者销售商品或者提供服务，应当遵守《商标法》、《企业名称登记管理规定》等法律、法规、规章的规定，不得侵犯他人的注册商标专用权、企业名称权等权利。

第十六条 网络商品经营者销售商品，消费者有权自收到商品之日起七日内退货，且无需说明理由，但下列商品除外：

（一）消费者定作的；

（二）鲜活易腐的；

（三）在线下载或者消费者拆封的音像制品、计算机软件等数字化商品；

（四）交付的报纸、期刊。

除前款所列商品外，其他根据商品性质并经消费者在购买时确认不宜退货的商品，不适用无理由退货。

消费者退货的商品应当完好。网络商品经营者应当自收到退回商品之日起七日内返还消费者支付的商品价款。退回商品的运费由消费者承担；网络商品经营者和消费者另有约定的，按照约定。

第十七条　网络商品经营者、有关服务经营者在经营活动中使用合同格式条款的，应当符合法律、法规、规章的规定，按照公平原则确定交易双方的权利与义务，采用显著的方式提请消费者注意与消费者有重大利害关系的条款，并按照消费者的要求予以说明。

网络商品经营者、有关服务经营者不得以合同格式条款等方式作出排除或者限制消费者权利、减轻或者免除经营者责任、加重消费者责任等对消费者不公平、不合理的规定，不得利用合同格式条款并借助技术手段强制交易。

第十八条　网络商品经营者、有关服务经营者在经营活动中收集、使用消费者或者经营者信息，应当遵循合法、正当、必要的原则，明示收集、使用信息的目的、方式和范围，并经被收集者同意。网络商品经营者、有关服务经营者收集、使用消费者或者经营者信息，应当公开其收集、使用规则，不得违反法律、法规的规定和双方的约定收集、使用信息。

网络商品经营者、有关服务经营者及其工作人员对收集的消费者个人信息或者经营者商业秘密的数据信息必须严格保密，不得泄露、出售或者非法向他人提供。网络商品经营者、有关服务经营者应当采取技术措施和其他必要措施，确保信息安全，防止信息泄露、丢失。在发生或者可能发生信息泄露、丢失的情况时，应当立即采取补救措施。

网络商品经营者、有关服务经营者未经消费者同意或者请求，或者消费者明确表示拒绝的，不得向其发送商业性电子信息。

第十九条　网络商品经营者、有关服务经营者销售商品或者服务，应当遵守《反不正当竞争法》等法律的规定，不得以不正当竞争方式损害其他经营者的合法权益、扰乱社会经济秩序。同时，不得利用网络技术手段或者载体等方式，从事下列不正当竞争行为：

（一）擅自使用知名网站特有的域名、名称、标识或者使用与知名网站近似的域名、名称、标识，与他人知名网站相混淆，造成消费者误认；

（二）擅自使用、伪造政府部门或者社会团体电子标识，进行引人误解的虚假宣传；

（三）以虚拟物品为奖品进行抽奖式的有奖销售，虚拟物品在网络市场约定金额超过法律法规允许的限额；

（四）以虚构交易、删除不利评价等形式，为自己或他人提升商业信誉；

（五）以交易达成后违背事实的恶意评价损害竞争对手的商业信誉；

（六）法律、法规规定的其他不正当竞争行为。

第二十条 网络商品经营者、有关服务经营者不得对竞争对手的网站或者网页进行非法技术攻击，造成竞争对手无法正常经营。

第二十一条 网络商品经营者、有关服务经营者应当按照国家工商行政管理总局的规定向所在地工商行政管理部门报送经营统计资料。

第二节 第三方交易平台经营者的特别规定

第二十二条 第三方交易平台经营者应当是经工商行政管理部门登记注册并领取营业执照的企业法人。

前款所称第三方交易平台，是指在网络商品交易活动中为交易双方或者多方提供网页空间、虚拟经营场所、交易规则、交易撮合、信息发布等服务，供交易双方或者多方独立开展交易活动的信息网络系统。

第二十三条 第三方交易平台经营者应当对申请进入平台销售商品或者提供服务的法人、其他经济组织或者个体工商户的经营主体身份进行审查和登记，建立登记档案并定期核实更新，在其从事经营活动的主页面醒目位置公开营业执照登载的信息或者其营业执照的电子链接标识。

第三方交易平台经营者应当对尚不具备工商登记注册条件、申请进入平台销售商品或者提供服务的自然人的真实身份信息进行审查和登记，建立登记档案并定期核实更新，核发证明个人身份信息真实合法的标记，加载在其从事经营活动的主页面醒目位置。

第三方交易平台经营者在审查和登记时，应当使对方知悉并同意登记协议，提请对方注意义务和责任条款。

第二十四条 第三方交易平台经营者应当与申请进入平台销售商品或者提供服务的经营者订立协议，明确双方在平台进入和退出、商品和服务质量安全保障、消费者权益保护等方面的权利、义务和责任。

第三方交易平台经营者修改其与平台内经营者的协议、交易规则，应当遵循公开、连续、合理的原则，修改内容应当至少提前七日予以公示并通知相关经营者。平台内经营者不接受协议或者规则修改内容、申请退出平台的，第三方交易平台经营者应当允许其退出，并根据原协议或者交易规则承担相关责任。

第二十五条 第三方交易平台经营者应当建立平台内交易规则、交易安全保障、消费者权益保护、不良信息处理等管理制度。各项管理制度应当在其网站显示，并从技术上保证用户能够便利、完整地阅览和保存。

第三方交易平台经营者应当采取必要的技术手段和管理措施保证平台的正常运行，提供必要、可靠的交易环境和交易服务，维护网络交易秩序。

第二十六条 第三方交易平台经营者应当对通过平台销售商品或者提供服务的经营者及其发布的商品和服务信息建立检查监控制度，发现有违反工商行政管理法律、法规、规章的行为的，应当向平台经营者所在地工商行政管理部门报告，并及时采取措施制止，必要时可以停止对其提供第三方交易平台服务。

工商行政管理部门发现平台内有违反工商行政管理法律、法规、规章的行为，依法要求第三方交易平台经营者采取措施制止的，第三方交易平台经营者应当予以配合。

第二十七条 第三方交易平台经营者应当采取必要手段保护注册商标专用权、企业名称权等权利，对权利人有证据证明平台内的经营者实施侵犯其注册商标专用权、企业名称权等权利的行为或者实施损害其合法权益的其他不正当竞争行为的，应当依照《侵权责任法》采取必要措施。

第二十八条 第三方交易平台经营者应当建立消费纠纷和解和消费维权自律制度。消费者在平台内购买商品或者接受服务，发生消费纠纷或者其合法权益受到损害时，消费者要求平台调解的，平台应当调解；消费者通过其他渠道维权的，平台应当向消费者提供经营者的真实的网站登记信息，积极协助消费者维护自身合法权益。

第二十九条 第三方交易平台经营者在平台上开展商品或者服务自营业务的，应当以显著方式对自营部分和平台内其他经营者经营部分进行区分和标记，避免消费者产生误解。

第三十条 第三方交易平台经营者应当审查、记录、保存在其平台上发布的商品和服务信息内容及其发布时间。平台内经营者的营业执照或者个人真实身份信息记录保存时间从经营者在平台的登记注销之日起不少于两年，交易记录等其他信息记录备份保存时间从交易完成之日起不少于两年。

第三方交易平台经营者应当采取电子签名、数据备份、故障恢复等技术手段确保网络交易数据和资料的完整性和安全性，并应当保证原始数据的真实性。

第三十一条 第三方交易平台经营者拟终止提供第三方交易平台服务的，应当至少提前三个月在其网站主页面醒目位置予以公示并通知相关经营者和消费者，采取必要措施保障相关经营者和消费者的合法权益。

第三十二条 鼓励第三方交易平台经营者为交易当事人提供公平、公正的信用评价服务，对经营者的信用情况客观、公正地进行采集与记录，建立信用评价体系、信用披露制度以警示交易风险。

第三十三条 鼓励第三方交易平台经营者设立消费者权益保证金。消费者权益保证金应当用于对消费者权益的保障，不得挪作他用，使用情况应当定期公开。

第三方交易平台经营者与平台内的经营者协议设立消费者权益保证金的，双方应当就消费者权益保证金提取数额、管理、使用和退还办法等作出明确约定。

第三十四条 第三方交易平台经营者应当积极协助工商行政管理部门查处网上违法经营行为,提供在其平台内涉嫌违法经营的经营者的登记信息、交易数据等资料,不得隐瞒真实情况。

第三节 其他有关服务经营者的特别规定

第三十五条 为网络商品交易提供网络接入、服务器托管、虚拟空间租用、网站网页设计制作等服务的有关服务经营者,应当要求申请者提供经营资格证明和个人真实身份信息,签订服务合同,依法记录其上网信息。申请者营业执照或者个人真实身份信息等信息记录备份保存时间自服务合同终止或者履行完毕之日起不少于两年。

第三十六条 为网络商品交易提供信用评价服务的有关服务经营者,应当通过合法途径采集信用信息,坚持中立、公正、客观原则,不得任意调整用户的信用级别或者相关信息,不得将收集的信用信息用于任何非法用途。

第三十七条 为网络商品交易提供宣传推广服务应当符合相关法律、法规、规章的规定。

通过博客、微博等网络社交载体提供宣传推广服务、评论商品或者服务并因此取得酬劳的,应当如实披露其性质,避免消费者产生误解。

第三十八条 为网络商品交易提供网络接入、支付结算、物流、快递等服务的有关服务经营者,应当积极协助工商行政管理部门查处网络商品交易相关违法行为,提供涉嫌违法经营的网络商品经营者的登记信息、联系方式、地址等相关数据资料,不得隐瞒真实情况。

第三章 网络商品交易及有关服务监督管理

第三十九条 网络商品交易及有关服务的监督管理由县级以上工商行政管理部门负责。

第四十条 县级以上工商行政管理部门应当建立网络商品交易及有关服务信用档案，记录日常监督检查结果、违法行为查处等情况。根据信用档案的记录，对网络商品经营者、有关服务经营者实施信用分类监管。

第四十一条 网络商品交易及有关服务违法行为由发生违法行为的经营者住所所在地县级以上工商行政管理部门管辖。对于其中通过第三方交易平台开展经营活动的经营者，其违法行为由第三方交易平台经营者住所所在地县级以上工商行政管理部门管辖。第三方交易平台经营者住所所在地县级以上工商行政管理部门管辖异地违法行为人有困难的，可以将违法行为人的违法情况移交违法行为人所在地县级以上工商行政管理部门处理。

两个以上工商行政管理部门因网络商品交易及有关服务违法行为的管辖权发生争议的，应当报请共同的上一级工商行政管理部门指定管辖。

对于全国范围内有重大影响、严重侵害消费者权益、引发群体投诉或者案情复杂的网络商品交易及有关服务违法行为，由国家工商行政管理总局负责查处或者指定省级工商行政管理局负责查处。

第四十二条 网络商品交易及有关服务活动中的消费者向

工商行政管理部门投诉的,依照《工商行政管理部门处理消费者投诉办法》处理。

第四十三条 县级以上工商行政管理部门对涉嫌违法的网络商品交易及有关服务行为进行查处时,可以行使下列职权:

(一)询问有关当事人,调查其涉嫌从事违法网络商品交易及有关服务行为的相关情况;

(二)查阅、复制当事人的交易数据、合同、票据、账簿以及其他相关数据资料;

(三)依照法律、法规的规定,查封、扣押用于从事违法网络商品交易及有关服务行为的商品、工具、设备等物品,查封用于从事违法网络商品交易及有关服务行为的经营场所;

(四)法律、法规规定可以采取的其他措施。

工商行政管理部门依法行使前款规定的职权时,当事人应当予以协助、配合,不得拒绝、阻挠。

第四十四条 工商行政管理部门对网络商品交易及有关服务活动的技术监测记录资料,可以作为对违法的网络商品经营者、有关服务经营者实施行政处罚或者采取行政措施的电子数据证据。

第四十五条 在网络商品交易及有关服务活动中违反工商行政管理法律法规规定,情节严重,需要采取措施制止违法网站继续从事违法活动的,工商行政管理部门可以依照有关规定,提请网站许可或者备案地通信管理部门依法责令暂时屏蔽或者停止该违法网站接入服务。

第四十六条 工商行政管理部门对网站违法行为作出行政处罚后,需要关闭该违法网站的,可以依照有关规定,提请网站许可或者备案地通信管理部门依法关闭该违法网站。

第四十七条　工商行政管理部门在对网络商品交易及有关服务活动的监督管理中发现应当由其他部门查处的违法行为的，应当依法移交相关部门。

第四十八条　县级以上工商行政管理部门应当建立网络商品交易及有关服务监管工作责任制度，依法履行职责。

第四章　法律责任

第四十九条　对于违反本办法的行为，法律、法规另有规定的，从其规定。

第五十条　违反本办法第七条第二款、第二十三条、第二十五条、第二十六条第二款、第二十九条、第三十条、第三十四条、第三十五条、第三十六条、第三十八条规定的，予以警告，责令改正，拒不改正的，处以一万元以上三万元以下的罚款。

第五十一条　违反本办法第八条、第二十一条规定的，予以警告，责令改正，拒不改正的，处以一万元以下的罚款。

第五十二条　违反本办法第十七条规定的，按照《合同违法行为监督处理办法》的有关规定处罚。

第五十三条　违反本办法第十九条第（一）项规定的，按照《反不正当竞争法》第二十一条的规定处罚；违反本办法第十九条第（二）项、第（四）项规定的，按照《反不正当竞争法》第二十四条的规定处罚；违反本办法第十九条第（三）项规定的，按照《反不正当竞争法》第二十六条的规定处罚；违反本办法第十九条第（五）项规定的，予以警告，责令改正，并处一万元以上三万元以下的罚款。

第五十四条 违反本办法第二十条规定的,予以警告,责令改正,并处一万元以上三万元以下的罚款。

第五章 附 则

第五十五条 通过第三方交易平台发布商品或者营利性服务信息、但交易过程不直接通过平台完成的经营活动,参照适用本办法关于网络商品交易的管理规定。

第五十六条 本办法由国家工商行政管理总局负责解释。

第五十七条 省级工商行政管理部门可以依据本办法的规定制定网络商品交易及有关服务监管实施指导意见。

第五十八条 本办法自2014年3月15日起施行。国家工商行政管理总局2010年5月31日发布的《网络商品交易及有关服务行为管理暂行办法》同时废止。

附 录

互联网信息服务管理办法

中华人民共和国国务院令

第588号

《国务院关于废止和修改部分行政法规的决定》已经2010年12月29日国务院第138次常务会议通过,现予公布,自公布之日起施行。

总理 温家宝

二〇一一年一月八日

(2000年9月25日中华人民共和国国务院令第292号公布;根据2011年1月8日《国务院关于废止和修改部分行政法规的规定》修订)

第一条 为了规范互联网信息服务活动,促进互联网信息服务健康有序发展,制定本办法。

第二条 在中华人民共和国境内从事互联网信息服务活动,必须遵守本办法。

本办法所称互联网信息服务，是指通过互联网向上网用户提供信息的服务活动。

第三条 互联网信息服务分为经营性和非经营性两类。

经营性互联网信息服务，是指通过互联网向上网用户有偿提供信息或者网页制作等服务活动。

非经营性互联网信息服务，是指通过互联网向上网用户无偿提供具有公开性、共享性信息的服务活动。

第四条 国家对经营性互联网信息服务实行许可制度；对非经营性互联网信息服务实行备案制度。

未取得许可或者未履行备案手续的，不得从事互联网信息服务。

第五条 从事新闻、出版、教育、医疗保健、药品和医疗器械等互联网信息服务，依照法律、行政法规以及国家有关规定须经有关主管部门审核同意的，在申请经营许可或者履行备案手续前，应当依法经有关主管部门审核同意。

第六条 从事经营性互联网信息服务，除应当符合《中华人民共和国电信条例》规定的要求外，还应当具备下列条件：

（一）有业务发展计划及相关技术方案；

（二）有健全的网络与信息安全保障措施，包括网站安全保障措施、信息安全保密管理制度、用户信息安全管理制度；

（三）服务项目属于本办法第五条规定范围的，已取得有关主管部门同意的文件。

第七条 从事经营性互联网信息服务，应当向省、自治区、直辖市电信管理机构或者国务院信息产业主管部门申请办理互联网信息服务增值电信业务经营许可证（以下简称经营许可证）。

省、自治区、直辖市电信管理机构或者国务院信息产业主管部门应当自收到申请之日起60日内审查完毕，作出批准或者不予批准的决定。予以批准的，颁发经营许可证；不予批准的，应当书面通知申请人并说明理由。

申请人取得经营许可证后，应当持经营许可证向企业登记机关办理登记手续。

第八条 从事非经营性互联网信息服务，应当向省、自治区、直辖市电信管理机构或者国务院信息产业主管部门办理备案手续。办理备案时，应当提交下列材料：

（一）主办单位和网站负责人的基本情况；

（二）网站网址和服务项目；

（三）服务项目属于本办法第五条规定范围的，已取得有关主管部门的同意文件。

省、自治区、直辖市电信管理机构对备案材料齐全的，应当予以备案并编号。

第九条 从事互联网信息服务，拟开办电子公告服务的，应当在申请经营性互联网信息服务许可或者办理非经营性互联网信息服务备案时，按照国家有关规定提出专项申请或者专项备案。

第十条 省、自治区、直辖市电信管理机构和国务院信息产业主管部门应当公布取得经营许可证或者已履行备案手续的互联网信息服务提供者名单。

第十一条 互联网信息服务提供者应当按照经许可或者备案的项目提供服务，不得超出经许可或者备案的项目提供服务。

非经营性互联网信息服务提供者不得从事有偿服务。

互联网信息服务提供者变更服务项目、网站网址等事项的，应当提前 30 日向原审核、发证或者备案机关办理变更手续。

第十二条 互联网信息服务提供者应当在其网站主页的显著位置标明其经营许可证编号或者备案编号。

第十三条 互联网信息服务提供者应当向上网用户提供良好的服务，并保证所提供的信息内容合法。

第十四条 从事新闻、出版以及电子公告等服务项目的互联网信息服务提供者，应当记录提供的信息内容及其发布时间、互联网地址或者域名；互联网接入服务提供者应当记录上网用户的上网时间、用户帐号、互联网地址或者域名、主叫电话号码等信息。

互联网信息服务提供者和互联网接入服务提供者的记录备份应当保存 60 日，并在国家有关机关依法查询时，予以提供。

第十五条 互联网信息服务提供者不得制作、复制、发布、传播含有下列内容的信息：

（一）反对宪法所确定的基本原则的；

（二）危害国家安全，泄露国家秘密，颠覆国家政权，破坏国家统一的；

（三）损害国家荣誉和利益的；

（四）煽动民族仇恨、民族歧视，破坏民族团结的；

（五）破坏国家宗教政策，宣扬邪教和封建迷信的；

（六）散布谣言，扰乱社会秩序，破坏社会稳定的；

（七）散布淫秽、色情、赌博、暴力、凶杀、恐怖或者教唆犯罪的；

（八）侮辱或者诽谤他人，侵害他人合法权益的；

（九）含有法律、行政法规禁止的其他内容的。

第十六条 互联网信息服务提供者发现其网站传输的信息

明显属于本办法第十五条所列内容之一的,应当立即停止传输,保存有关记录,并向国家有关机关报告。

第十七条 经营性互联网信息服务提供者申请在境内境外上市或者同外商合资、合作,应当事先经国务院信息产业主管部门审查同意;其中,外商投资的比例应当符合有关法律、行政法规的规定。

第十八条 国务院信息产业主管部门和省、自治区、直辖市电信管理机构,依法对互联网信息服务实施监督管理。

新闻、出版、教育、卫生、药品监督管理、工商行政管理和公安、国家安全等有关主管部门,在各自职责范围内依法对互联网信息内容实施监督管理。

第十九条 违反本办法的规定,未取得经营许可证,擅自从事经营性互联网信息服务,或者超出许可的项目提供服务的,由省、自治区、直辖市电信管理机构责令限期改正,有违法所得的,没收违法所得,处违法所得3倍以上5倍以下的罚款;没有违法所得或者违法所得不足5万元的,处10万元以上100万元以下的罚款;情节严重的,责令关闭网站。

违反本办法的规定,未履行备案手续,擅自从事非经营性互联网信息服务,或者超出备案的项目提供服务的,由省、自治区、直辖市电信管理机构责令限期改正;拒不改正的,责令关闭网站。

第二十条 制作、复制、发布、传播本办法第十五条所列内容之一的信息,构成犯罪的,依法追究刑事责任;尚不构成犯罪的,由公安机关、国家安全机关依照《中华人民共和国治安管理处罚法》、《计算机信息网络国际联网安全保护管理办法》等有关法律、行政法规的规定予以处罚;对经营性互联网信息服务提供者，并由发证机关责令停业整顿直至吊销经营许可证，通知企业登记机关；对非经营性互联网信息服务提供者，并由备案机关责令暂时关闭网站直至关闭网站。

第二十一条　未履行本办法第十四条规定的义务的，由省、自治区、直辖市电信管理机构责令改正；情节严重的，责令停业整顿或者暂时关闭网站。

第二十二条　违反本办法的规定，未在其网站主页上标明其经营许可证编号或者备案编号的，由省、自治区、直辖市电信管理机构责令改正，处5000元以上5万元以下的罚款。

第二十三条　违反本办法第十六条规定的义务的，由省、自治区、直辖市电信管理机构责令改正；情节严重的，对经营性互联网信息服务提供者，并由发证机关吊销经营许可证，对非经营性互联网信息服务提供者，并由备案机关责令关闭网站。

第二十四条　互联网信息服务提供者在其业务活动中，违反其他法律、法规的，由新闻、出版、教育、卫生、药品监督管理和工商行政管理等有关主管部门依照有关法律、法规的规定处罚。

第二十五条　电信管理机构和其他有关主管部门及其工作人员，玩忽职守、滥用职权、徇私舞弊，疏于对互联网信息服务的监督管理，造成严重后果，构成犯罪的，依法追究刑事责任；尚不构成犯罪的，对直接负责的主管人员和其他直接责任人员依法给予降级、撤职直至开除的行政处分。

第二十六条　在本办法公布前从事互联网信息服务的，应当自本办法公布之日起60日内依照本办法的有关规定补办有关手续。

第二十七条　本办法自公布之日起施行。

第三方电子商务交易平台服务规范

中华人民共和国商务部公告

2011年第18号

为规范第三方电子商务交易平台的经营活动,保护企业和消费者合法权益,营造公平、诚信的电子商务交易环境,商务部制定了《第三方电子商务交易平台服务规范》,现予以发布。

中华人民共和国商务部
二〇一一年四月十二日

前 言

本规范的全部技术内容为推荐性。

本规范的制定是根据国家相关法律法规,参照中华人民共和国《互联网信息服务管理办法》(国务院令2000年第292号)、商务部《关于网上交易的指导意见(暂行)》(商务部公告2007年第19号)和国家工商行政管理总局《网络商品交易及有关服务行为管理暂行办法》(国家工商行政管理总局令2010年第49号)的规定,并总结电子商务实际运作经验制定的。

本规范由中华人民共和国商务部提出。

引 言

电子商务服务业是以信息技术应用和经济发展需求为基础,

对社会全局和可持续发展具有重要引领带动作用的新兴产业。中国电子商务正处在高速发展时期。加强电子商务标准化建设，对于促进经济增长方式的转变，推动经济社会又好又快发展具有重要意义。

第三方电子商务交易平台在电子商务服务业发展中具有举足轻重的作用。第三方电子商务交易平台不仅沟通了买卖双方的网上交易渠道，大幅度降低了交易成本，也开辟了电子商务服务业的一个新的领域。加强第三方电子商务交易平台的服务规范，对于维护电子商务交易秩序，促进电子商务健康快速发展，具有非常重要的作用。

为规范第三方电子商务交易平台的经营活动，保护企业和消费者合法权益，营造公平、诚信的交易环境，保障交易安全，促进电子商务的快速发展，依据中华人民共和国有关法律法规和相关政策文件制定本规范。

1. 范围

本规范规定了在中华人民共和国境内从事第三方电子商务交易平台服务和经营活动的行为规范，但法律法规另有规定的除外。

商务部负责对本规范的解释。

2. 规范性引用文件

本规范起草过程中参考了下述文件

（1）中华人民共和国《互联网信息服务管理办法》（国务院令 2000 年第 292 号）

（2）商务部《关于网上交易的指导意见（暂行）》（商务部公告 2007 年第 19 号）；

（3）国家工商行政管理总局《网络商品交易及有关服务行

为管理暂行办法》(国家工商行政管理总局令 2010 年第 49 号);

(4) 国家标准《电子商务模式规范》(SB/T10518—2009);

(5) 国家标准《网络交易服务规范》(SB/T10519—2009);

(6) 国家标准《大宗商品电子交易规范》(GB/T18769—2003);

(7) 国家标准《第三方电子商务服务平台服务及其等级划分规范 B2BB2C 电子商务服务平台》(GB/T24661.2—2009);

(8) 公安部、国家保密局、国家密码管理局、国务院信息化工作办公室《信息安全等级保护管理办法》(公通字〔2007〕43 号)。

相对于上述文件,本规范突出表现出两方面的特点:

(1) 规制的重点不同。本规范专注于对主体的管理,规制交易主体之间的关系,并从法律角度提出规范的条款。

(2) 写作的方法不同。本规范没有对第三方交易平台的所有行为进行详细的规定,这主要是因为现有文件已经对电子商务交易活动作了详细的、静态的规定。本规范主要关注现有文件和标准没有顾及的交易主体之间关系的调整,并把这种调整看作一种动态的、系统的活动。

3. 术语和定义

3.1 电子商务

本规范所指的电子商务,系指交易当事人或参与人利用现代信息技术和计算机网络(包括互联网、移动网络和其他信息网络)所进行的各类商业活动,包括货物交易、服务交易和知识产权交易。

3.2 第三方电子商务交易平台

第三方电子商务交易平台(以下简称第三方交易平台)是指在电子商务活动中为交易双方或多方提供交易撮合及相关服

务的信息网络系统总和。

3.3 平台经营者

第三方交易平台经营者（以下简称平台经营者）是指在工商行政管理部门登记注册并领取营业执照，从事第三方交易平台运营并为交易双方提供服务的自然人、法人和其他组织。

3.4 站内经营者

第三方交易平台站内经营者（以下简称站内经营者）是指在电子商务交易平台上从事交易及有关服务活动的自然人、法人和其他组织。

4. 基本原则

4.1 公正、公平、公开原则

平台经营者在制定、修改业务规则和处理争议时应当遵守公正、公平、公开原则。

4.2 业务隔离原则

平台经营者若同时在平台上从事站内经营业务的，应当将平台服务与站内经营业务分开，并在自己的第三方交易平台上予以公示。

4.3 鼓励与促进原则

鼓励依法设立和经营第三方交易平台，鼓励构建有利于平台发展的技术支撑体系。

鼓励平台经营者、行业协会和相关组织探索电子商务信用评价体系、交易安全制度，以及便捷的小额争议解决机制，保障交易的公平与安全。

5. 第三方交易平台的设立与基本行为规范

5.1 设立条件

第三方电子商务交易平台的设立应当符合下列条件：

（1）有与从事的业务和规模相适应的硬件设施；

（2）有保障交易正常运营的计算机信息系统和安全环境；

（3）有与交易平台经营规模相适应的管理人员、技术人员和客户服务人员；

（4）符合《中华人民共和国电信条例》、《互联网信息服务管理办法》、《网络商品交易及有关服务行为管理暂行办法》、《电子认证服务管理办法》等法律、法规和规章规定的其他条件。

5.2 市场准入和行政许可

平台经营者应当依法办理工商登记注册；涉及行政许可的，应当取得主管部门的行政许可。

5.3 平台经营者信息公示

平台经营者应当在其网站主页面或者从事经营活动的网页显著位置公示以下信息：

（1）营业执照、组织机构代码证、税务登记证以及各类经营许可证；

（2）互联网信息服务许可登记或经备案的电子验证标识；

（3）经营地址、邮政编码、电话号码、电子信箱等联系信息及法律文书送达地址；

（4）监管部门或消费者投诉机构的联系方式。

（5）法律、法规规定其他应披露的信息。

5.4 交易平台设施及运行环境维护

平台经营者应当保障交易平台内各类软硬件设施的正常运行，维护消防、卫生和安保等设施处于正常状态。

平台经营者应按照国家信息安全等级保护制度的有关规定和要求建设、运行、维护网上交易平台系统和辅助服务系统，落实互联网安全保护技术措施，依法实时监控交易系统运行状况，维护平台交易系统正常运行，及时处理网络安全事故。

日交易额1亿元人民币以上（含1亿元）的第三方电子商务交易平台应当设置异地灾难备份系统，建立灾难恢复体系和应急预案。

5.5 数据存储与查询

平台经营者应当妥善保存在平台上发布的交易及服务的全部信息，采取相应的技术手段保证上述资料的完整性、准确性和安全性。站内经营者和交易相对人的身份信息的保存时间自其最后一次登录之日起不少于两年；交易信息保存时间自发生之日起不少于两年。

站内经营者有权在保存期限内自助查询、下载或打印自己的交易信息。

鼓励第三方交易平台通过独立的数据服务机构对其信息进行异地备份及提供对外查询、下载或打印服务。

5.6 制订和实施平台交易管理制度

平台经营者应提供规范化的网上交易服务，建立和完善各项规章制度，包括但不限于下列制度：

（1）用户注册制度；

（2）平台交易规则；

（3）信息披露与审核制度；

（4）隐私权与商业秘密保护制度；

（5）消费者权益保护制度；

（6）广告发布审核制度；

（7）交易安全保障与数据备份制度；

（8）争议解决机制；

（9）不良信息及垃圾邮件举报处理机制；

（10）法律、法规规定的其他制度。

平台经营者应定期在本平台内组织检查网上交易管理制度的实施情况，并根据检查结果及时采取改善措施。

5.7 用户协议

平台经营者的用户协议及其修改应至少提前30日公示，涉及消费者权益的，应当抄送当地消费者权益保护机构。

用户协议应当包括但不限于以下内容：

（1）用户注册条件；

（2）交易规则；

（3）隐私及商业秘密的保护；

（4）用户协议的修改程序；

（5）争议解决方式；

（6）受我国法律管辖的约定及具体管辖地；

（7）有关责任条款。

平台经营者应采用技术等手段引导用户完整阅读用户协议，合理提示交易风险、责任限制和责任免除条款，但不得免除自身责任，加重用户义务，排除用户的法定权利。

5.8 交易规则

平台经营者应制定并公布交易规则。交易规则的修改应当至少提前30日予以公示。用户不接受修改的，可以在修改公告之日起60日内书面通知退出。平台经营者应当按照原交易规则妥善处理用户退出事宜。

5.9 终止经营

第三方交易平台歇业或者其他自身原因终止经营的，应当提前一个月通知站内经营者，并与站内经营者结清财务及相关手续。

涉及行政许可的第三方交易平台终止营业的,平台经营者应当提前一个月向行政主管部门报告;并通过合同或其他方式,确保在合理期限内继续提供对消费者的售后服务。

5.10 平台交易情况的统计

平台经营者应当做好市场交易统计工作,填报统计报表,定期向有关行政主管部门报送。

6. 平台经营者对站内经营者的管理与引导

6.1 站内经营者注册

(1)通过第三方交易平台从事商品交易及有关服务行为的自然人,需要向平台经营者提出申请,提交身份证明文件或营业执照、经营地址及联系方式等必要信息。

(2)通过第三方交易平台从事商品交易及有关服务行为的法人和其他组织,需要向平台经营者提出申请,提交营业执照或其他获准经营的证明文件、经营地址及联系方式等必要信息。

(3)第三方电子商务交易平台应当核验站内经营者的营业执照、税务登记证和各类经营许可证。第三方电子商务交易平台对外是否显示站内经营者真实名称和姓名由平台经营者和站内经营者协商确定。

(4)平台经营者应当每年定期对实名注册的站内经营者的注册信息进行验证,对无法验证的站内经营者应予以注明。

(5)平台经营者应当加强提示,督促站内经营者履行有关法律规定和市场管理制度,增强诚信服务、文明经商的服务意识,倡导良好的经营作风和商业道德。

6.2 进场经营合同的规范指导

平台经营者在与站内经营者订立进场经营合同时,应当依法约定双方规范经营的有关权利义务、违约责任以及纠纷解决方式。该合同应当包含下列必备条款：

（1）平台经营者与站内经营者在网络商品交易及有关服务行为中不得损害国家利益和公众利益，不得损害消费者的合法权益。

（2）站内经营者必须遵守诚实守信的基本原则，严格自律，维护国家利益，承担社会责任，公平、公正、健康有序地开展网上交易，不得利用网上交易从事违法犯罪活动。

（3）站内经营者应当注意监督用户发布的信息，依法删除违反国家规定的信息，防范和减少垃圾邮件。

（4）站内经营者应当建立市场交易纠纷调解处理的有关制度，并在提供服务网店的显著位置公布纠纷处理机构及联系方式。

6.3 站内经营者行为规范

平台经营者应当通过合同或其他方式要求站内经营者遵守以下规范，督促站内经营者建立和实行各类商品信誉制度，方便消费者监督和投诉：

（1）站内经营者应合法经营，不得销售不符合国家标准或有毒有害的商品。对涉及违法经营的可以暂停或终止其交易。

（2）对涉及违法经营或侵犯消费者权益的站内经营者可以按照事先公布的程序在平台上进行公示。

（3）站内经营者应就在停止经营或撤柜前3个月告知平台经营者，并配合平台经营者处理好涉及消费者或第三方的事务。

（4）站内经营者应主动配合平台经营者就消费者投诉所进行的调查和协调。

6.4 对交易信息的管理

平台经营者应对其平台上的交易信息进行合理谨慎的管理：

（1）在平台上从事经营活动的，应当公布所经营产品的名称、生产者等信息；涉及第三方许可的，还应公布许可证书、认证证书等信息。

（2）网页上显示的商品信息必须真实。对实物（有形）商品，应当从多角度多方位予以展现，不可对商品的颜色、大小、比例等做歪曲或错误的显示；对于存在瑕疵的商品应当给予充分的说明并通过图片显示。发现站内经营者发布违反法律、法规广告的，应及时采取措施制止，必要时可以停止对其提供网上交易平台服务。

（3）投诉人提供的证据能够证明站内经营者有侵权行为或发布违法信息的，平台经营者应对有关责任人予以警告，停止侵权行为，删除有害信息，并可依照投诉人的请求提供被投诉人注册的身份信息及联系方式。

（4）平台经营者应承担合理谨慎信息审查义务，对明显的侵权或违法信息，依法及时予以删除，并对站内经营者予以警告。

6.5 交易秩序维护

平台经营者应当采取合理措施，保证网上交易平台的正常运行，提供安全可靠的交易环境和公平、公正、公开的交易服务，维护交易秩序，建立并完善网上交易的信用评价体系和交易风险警示机制。

平台经营者应当合理提示用户关注交易风险，在执行用户的交易支付指令前，应当要求用户对交易明细进行确认；从事网上支付服务的经营者，在执行支付指令前，也应当要求付款人进行确认。

鼓励平台经营者设立冷静期制度，允许消费者在冷静期内无理由取消订单。

鼓励网络第三方交易平台和平台经营者向消费者提供"卖家保证金"服务。保证金用于消费者的交易损失赔付。保证金的金额、使用方式应事先向当地工商行政主管部门备案并公示。

6.6　交易错误

平台经营者应当调查核实个人用户小额交易中出现操作错误投诉，并帮助用户取消交易，但因具体情况无法撤销的除外。

6.7　货物退换

平台经营者应当通过合同或其他方式要求站内经营者依照国家有关规定，实施商品售后服务和退换货制度，对于违反商品售后服务和退换货制度规定的站内经营者，平台经营者应当受理消费者的投诉，并可依照合同追究其违约责任。

6.8　知识产权保护

平台经营者应当建立适当的工作机制，依法保护知识产权。对于权利人附有证据并通知具体地址的侵权页面、文件或链接，平台经营者应通知被投诉人，同时采取必要措施保护权利人合法权益。法律法规另有规定的除外。

平台经营者应通过合同或其他方式要求站内经营者遵守《商标法》、《反不正当竞争法》、《企业名称登记管理规定》等法律、法规、规章的规定，不得侵犯他人的注册商标专用权、企业名称权等权利。

6.9　禁止行为

第三方交易平台同时利用自有平台进行网上商品（服务）交易的，不得相互串通，利用自身便利操纵市场价格，扰乱市场秩序，损害其他经营者或者消费者的合法权益。

7. 平台经营者对消费者的合理保护

未经用户同意，平台经营者不得向任何第三方披露或转让用户名单、交易记录等数据，但法律法规另有规定的除外。

平台经营者应督促站内交易经营者出具购货凭证、服务单据及相关凭证。

消费者在网络交易平台购买商品或者接受服务，发生消费纠纷或者其合法权益受到损害的，平台经营者应当向消费者提供站内经营者的真实的网站登记信息，积极协助消费者维护自身合法权益。

8. 平台经营者与相关服务提供者的协调

8.1 电子签名

鼓励依照《中华人民共和国电子签名法》的规定订立合同。标的金额高于5万元人民币的网上交易，第三方交易平台应提示交易双方使用电子签名。

8.2 电子支付

第三方电子商务交易平台采用的电子支付应当由银行或具备合法资质的非金融支付机构提供。

8.3 广告发布

平台经营者对平台内被投诉的广告信息，应当依据广告法律规定进行删除或转交广告行政主管机构处理。

第三方交易平台应约束站内经营者不得发布虚假的广告信息，不得发送垃圾邮件。

对于国家明令禁止交易的商品或服务，提供搜索服务的第三方交易平台在搜索结果展示页面应对其名称予以屏蔽或限制访问。

9. 监督管理

9.1 行业自律

鼓励第三方平台经营者依照本规范进行行业自律，支持有关行业组织对平台经营者的服务进行监督和协调。

鼓励行业协会设立消费警示制度，监督和约束有不良行为的平台经营者。

鼓励平台经营者成立行业自律组织，制定行规和行约，建立网上交易诚信体系，加强自律，推动网上交易的发展。

9.2　投诉管理

消费者协会和相关组织通过在线投诉机制受理的网上交易争议投诉，平台经营者应及时配合处理与反馈。

对于不良用户，平台经营者可以根据事先公示的程序和规则对站内经营者的市场准入进行限制。

9.3　政府监管

各级商务主管部门应当建立网上交易服务规范的监管责任制度和责任追究制度，依法对平台经营者及站内经营者的交易行为进行监督。

互联网直播服务管理规定

(2016年11月4日由国家互联网信息办公室发布，自2016年11月4日起实施)

第一条 为加强对互联网直播服务的管理，保护公民、法人和其他组织的合法权益，维护国家安全和公共利益，根据《全国人民代表大会常务委员会关于加强网络信息保护的决定》《国务院关于授权国家互联网信息办公室负责互联网信息内容管理工作的通知》《互联网信息服务管理办法》和《互联网新闻信息服务管理规定》，制定本规定。

第二条 在中华人民共和国境内提供、使用互联网直播服务，应当遵守本规定。

本规定所称互联网直播，是指基于互联网，以视频、音频、图文等形式向公众持续发布实时信息的活动；本规定所称互联网直播服务提供者，是指提供互联网直播平台服务的主体；本规定所称互联网直播服务使用者，包括互联网直播发布者和用户。

第三条 提供互联网直播服务，应当遵守法律法规，坚持正确导向，大力弘扬社会主义核心价值观，培育积极健康、向上向善的网络文化，维护良好网络生态，维护国家利益和公共利益，为广大网民特别是青少年成长营造风清气正的网络空间。

第四条 国家互联网信息办公室负责全国互联网直播服务信息内容的监督管理执法工作。地方互联网信息办公室依据职责负责本行政区域内的互联网直播服务信息内容的监督管理执法工作。国务院相关管理部门依据职责对互联网直播服务实施相应监督管理。

各级互联网信息办公室应当建立日常监督检查和定期检查相结合的监督管理制度，指导督促互联网直播服务提供者依据法律法规和服务协议规范互联网直播服务行为。

第五条 互联网直播服务提供者提供互联网新闻信息服务的，应当依法取得互联网新闻信息服务资质，并在许可范围内开展互联网新闻信息服务。

开展互联网新闻信息服务的互联网直播发布者，应当依法取得互联网新闻信息服务资质并在许可范围内提供服务。

第六条 通过网络表演、网络视听节目等提供互联网直播服务的，还应当依法取得法律法规规定的相关资质。

第七条 互联网直播服务提供者应当落实主体责任，配备与服务规模相适应的专业人员，健全信息审核、信息安全管理、值班巡查、应急处置、技术保障等制度。提供互联网新闻信息直播服务的，应当设立总编辑。

互联网直播服务提供者应当建立直播内容审核平台，根据互联网直播的内容类别、用户规模等实施分级分类管理，对图文、视频、音频等直播内容加注或播报平台标识信息，对互联网新闻信息直播及其互动内容实施先审后发管理。

第八条 互联网直播服务提供者应当具备与其服务相适应的技术条件，应当具备即时阻断互联网直播的技术能力，技术方案应符合国家相关标准。

第九条 互联网直播服务提供者以及互联网直播服务使用者不得利用互联网直播服务从事危害国家安全、破坏社会稳定、扰乱社会秩序、侵犯他人合法权益、传播淫秽色情等法律法规禁止的活动，不得利用互联网直播服务制作、复制、发布、传播法律法规禁止的信息内容。

第十条　互联网直播发布者发布新闻信息，应当真实准确、客观公正。转载新闻信息应当完整准确，不得歪曲新闻信息内容，并在显著位置注明来源，保证新闻信息来源可追溯。

第十一条　互联网直播服务提供者应当加强对评论、弹幕等直播互动环节的实时管理，配备相应管理人员。

互联网直播发布者在进行直播时，应当提供符合法律法规要求的直播内容，自觉维护直播活动秩序。

用户在参与直播互动时，应当遵守法律法规，文明互动，理性表达。

第十二条　互联网直播服务提供者应当按照"后台实名、前台自愿"的原则，对互联网直播用户进行基于移动电话号码等方式的真实身份信息认证，对互联网直播发布者进行基于身份证件、营业执照、组织机构代码证等的认证登记。互联网直播服务提供者应当对互联网直播发布者的真实身份信息进行审核，向所在地省、自治区、直辖市互联网信息办公室分类备案，并在相关执法部门依法查询时予以提供。

互联网直播服务提供者应当保护互联网直播服务使用者身份信息和隐私，不得泄露、篡改、毁损，不得出售或者非法向他人提供。

第十三条　互联网直播服务提供者应当与互联网直播服务使用者签订服务协议，明确双方权利义务，要求其承诺遵守法律法规和平台公约。

互联网直播服务协议和平台公约的必备条款由互联网直播

服务提供者所在地省、自治区、直辖市互联网信息办公室指导制定。

第十四条 互联网直播服务提供者应当对违反法律法规和服务协议的互联网直播服务使用者，视情采取警示、暂停发布、关闭账号等处置措施，及时消除违法违规直播信息内容，保存记录并向有关主管部门报告。

第十五条 互联网直播服务提供者应当建立互联网直播发布者信用等级管理体系，提供与信用等级挂钩的管理和服务。

互联网直播服务提供者应当建立黑名单管理制度，对纳入黑名单的互联网直播服务使用者禁止重新注册账号，并及时向所在地省、自治区、直辖市互联网信息办公室报告。

省、自治区、直辖市互联网信息办公室应当建立黑名单通报制度，并向国家互联网信息办公室报告。

第十六条 互联网直播服务提供者应当记录互联网直播服务使用者发布内容和日志信息，保存六十日。

互联网直播服务提供者应当配合有关部门依法进行的监督检查，并提供必要的文件、资料和数据。

第十七条 互联网直播服务提供者和互联网直播发布者未经许可或者超出许可范围提供互联网新闻信息服务的，由国家和省、自治区、直辖市互联网信息办公室依据《互联网新闻信息服务管理规定》予以处罚。

对于违反本规定的其他违法行为，由国家和地方互联网信息办公室依据职责，依法予以处罚；构成犯罪的，依法追究刑事责任。通过网络表演、网络视听节目等提供网络直播服务，违反有关法律法规的，由相关部门依法予以处罚。

第十八条 鼓励支持相关行业组织制定行业公约,加强行业自律,建立健全行业信用评价体系和服务评议制度,促进行业规范发展。

第十九条 互联网直播服务提供者应当自觉接受社会监督,健全社会投诉举报渠道,设置便捷的投诉举报入口,及时处理公众投诉举报。

第二十条 本规定自2016年12月1日起施行。

直销管理条例

中华人民共和国国务院令

第443号

《直销管理条例》已经2005年8月10日国务院第101次常务会议通过，现予公布，自2005年12月1日起施行。

总理　温家宝

二〇〇五年八月二十三日

第一章　总　则

第一条　为规范直销行为，加强对直销活动的监管，防止欺诈，保护消费者的合法权益和社会公共利益，制定本条例。

第二条　在中华人民共和国境内从事直销活动，应当遵守本条例。

直销产品的范围由国务院商务主管部门会同国务院工商行

政管理部门根据直销业的发展状况和消费者的需求确定、公布。

第三条 本条例所称直销，是指直销企业招募直销员，由直销员在固定营业场所之外直接向最终消费者（以下简称消费者）推销产品的经销方式。

本条例所称直销企业，是指依照本条例规定经批准采取直销方式销售产品的企业。

本条例所称直销员，是指在固定营业场所之外将产品直接推销给消费者的人员。

第四条 在中华人民共和国境内设立的企业（以下简称企业），可以依照本条例规定申请成为以直销方式销售本企业生产的产品以及其母公司、控股公司生产产品的直销企业。

直销企业可以依法取得贸易权和分销权。

第五条 直销企业及其直销员从事直销活动，不得有欺骗、误导等宣传和推销行为。

第六条 国务院商务主管部门和工商行政管理部门依照其职责分工和本条例规定，负责对直销企业和直销员及其直销活动实施监督管理。

第二章 直销企业及其分支机构的设立和变更

第七条 申请成为直销企业，应当具备下列条件：

（一）投资者具有良好的商业信誉，在提出申请前连续5年没有重大违法经营记录；外国投资者还应当有3年以上在中国境外从事直销活动的经验；

（二）实缴注册资本不低于人民币8000万元；

（三）依照本条例规定在指定银行足额缴纳了保证金；

（四）依照规定建立了信息报备和披露制度。

第八条　申请成为直销企业应当填写申请表，并提交下列申请文件、资料：

（一）符合本条例第七条规定条件的证明材料；

（二）企业章程，属于中外合资、合作企业的，还应当提供合资或者合作企业合同；

（三）市场计划报告书，包括依照本条例第十条规定拟定的经当地县级以上人民政府认可的从事直销活动地区的服务网点方案；

（四）符合国家标准的产品说明；

（五）拟与直销员签订的推销合同样本；

（六）会计师事务所出具的验资报告；

（七）企业与指定银行达成的同意依照本条例规定使用保证金的协议。

第九条　申请人应当通过所在地省、自治区、直辖市商务主管部门向国务院商务主管部门提出申请。省、自治区、直辖市商务主管部门应当自收到申请文件、资料之日起7日内，将申请文件、资料报送国务院商务主管部门。国务院商务主管部门应当自收到全部申请文件、资料之日起90日内，经征求国务院工商行政管理部门的意见，作出批准或者不予批准的决定。予以批准的，由国务院商务主管部门颁发直销经营许可证。

申请人持国务院商务主管部门颁发的直销经营许可证，依法向工商行政管理部门申请变更登记。

国务院商务主管部门审查颁发直销经营许可证，应当考虑国家安全、社会公共利益和直销业发展状况等因素。

第十条 直销企业从事直销活动,必须在拟从事直销活动的省、自治区、直辖市设立负责该行政区域内直销业务的分支机构(以下简称分支机构)。

直销企业在其从事直销活动的地区应当建立便于并满足消费者、直销员了解产品价格、退换货及企业依法提供其他服务的服务网点。服务网点的设立应当符合当地县级以上人民政府的要求。

直销企业申请设立分支机构,应当提供符合前款规定条件的证明文件和资料,并应当依照本条例第九条第一款规定的程序提出申请。获得批准后,依法向工商行政管理部门办理登记。

第十一条 直销企业有关本条例第八条所列内容发生重大变更的,应当依照本条例第九条第一款规定的程序报国务院商务主管部门批准。

第十二条 国务院商务主管部门应当将直销企业及其分支机构的名单在政府网站上公布,并及时进行更新。

第三章 直销员的招募和培训

第十三条 直销企业及其分支机构可以招募直销员。直销企业及其分支机构以外的任何单位和个人不得招募直销员。

直销员的合法推销活动不以无照经营查处。

第十四条 直销企业及其分支机构不得发布宣传直销员销售报酬的广告,不得以缴纳费用或者购买商品作为成为直销员的条件。

第十五条 直销企业及其分支机构不得招募下列人员为直销员:

（一）未满 18 周岁的人员；

（二）无民事行为能力或者限制民事行为能力的人员；

（三）全日制在校学生；

（四）教师、医务人员、公务员和现役军人；

（五）直销企业的正式员工；

（六）境外人员；

（七）法律、行政法规规定不得从事兼职的人员。

第十六条 直销企业及其分支机构招募直销员应当与其签订推销合同，并保证直销员只在其一个分支机构所在的省、自治区、直辖市行政区域内已设立服务网点的地区开展直销活动。未与直销企业或者其分支机构签订推销合同的人员，不得以任何方式从事直销活动。

第十七条 直销员自签订推销合同之日起 60 日内可以随时解除推销合同；60 日后，直销员解除推销合同应当提前 15 日通知直销企业。

第十八条 直销企业应当对拟招募的直销员进行业务培训和考试，考试合格后由直销企业颁发直销员证。未取得直销员证，任何人不得从事直销活动。

直销企业进行直销员业务培训和考试，不得收取任何费用。

直销企业以外的单位和个人，不得以任何名义组织直销员业务培训。

第十九条 对直销员进行业务培训的授课人员应当是直销企业的正式员工，并符合下列条件：

（一）在本企业工作 1 年以上；

（二）具有高等教育本科以上学历和相关的法律、市场营销专业知识；

（三）无因故意犯罪受刑事处罚的记录；

（四）无重大违法经营记录。

直销企业应当向符合前款规定的授课人员颁发直销培训员证，并将取得直销培训员证的人员名单报国务院商务主管部门备案。国务院商务主管部门应当将取得直销培训员证的人员名单，在政府网站上公布。

境外人员不得从事直销员业务培训。

第二十条 直销企业颁发的直销员证、直销培训员证应当依照国务院商务主管部门规定的式样印制。

第二十一条 直销企业应当对直销员业务培训的合法性、培训秩序和培训场所的安全负责。

直销企业及其直销培训员应当对直销员业务培训授课内容的合法性负责。

直销员业务培训的具体管理办法由国务院商务主管部门、国务院工商行政管理部门会同有关部门另行制定。

第四章　直销活动

第二十二条 直销员向消费者推销产品，应当遵守下列规定：

（一）出示直销员证和推销合同；

（二）未经消费者同意，不得进入消费者住所强行推销产品，消费者要求其停止推销活动的，应当立即停止，并离开消费者住所；

（三）成交前，向消费者详细介绍本企业的退货制度；

（四）成交后，向消费者提供发票和由直销企业出具的含有退货制度、直销企业当地服务网点地址和电话号码等内容的售货凭证。

第二十三条 直销企业应当在直销产品上标明产品价格,该价格与服务网点展示的产品价格应当一致。直销员必须按照标明的价格向消费者推销产品。

第二十四条 直销企业至少应当按月支付直销员报酬。直销企业支付给直销员的报酬只能按照直销员本人直接向消费者销售产品的收入计算,报酬总额(包括佣金、奖金、各种形式的奖励以及其他经济利益等)不得超过直销员本人直接向消费者销售产品收入的30%。

第二十五条 直销企业应当建立并实行完善的换货和退货制度。

消费者自购买直销产品之日起30日内,产品未开封的,可以凭直销企业开具的发票或者售货凭证向直销企业及其分支机构、所在地的服务网点或者推销产品的直销员办理换货和退货;直销企业及其分支机构、所在地的服务网点和直销员应当自消费者提出换货或者退货要求之日起7日内,按照发票或者售货凭证标明的价款办理换货和退货。

直销员自购买直销产品之日起30日内,产品未开封的,可以凭直销企业开具的发票或者售货凭证向直销企业及其分支机构或者所在地的服务网点办理换货和退货;直销企业及其分支机构和所在地的服务网点应当自直销员提出换货或者退货要求之日起7日内,按照发票或者售货凭证标明的价款办理换货和退货。

不属于前两款规定情形,消费者、直销员要求换货和退货的,直销企业及其分支机构、所在地的服务网点和直销员应当依照有关法律法规的规定或者合同的约定,办理换货和退货。

第二十六条 直销企业与直销员、直销企业及其直销员与消费者因换货或者退货发生纠纷的,由前者承担举证责任。

第二十七条 直销企业对其直销员的直销行为承担连带责任,能够证明直销员的直销行为与本企业无关的除外。

第二十八条 直销企业应当依照国务院商务主管部门和国务院工商行政管理部门的规定,建立并实行完备的信息报备和披露制度。

直销企业信息报备和披露的内容、方式及相关要求,由国务院商务主管部门和国务院工商行政管理部门另行规定。

第五章 保证金

第二十九条 直销企业应当在国务院商务主管部门和国务院工商行政管理部门共同指定的银行开设专门账户,存入保证金。

保证金的数额在直销企业设立时为人民币2000万元;直销企业运营后,保证金应当按月进行调整,其数额应当保持在直销企业上一个月直销产品销售收入15%的水平,但最高不超过人民币1亿元,最低不少于人民币2000万元。保证金的利息属于直销企业。

第三十条 出现下列情形之一,国务院商务主管部门和国务院工商行政管理部门共同决定,可以使用保证金:

(一)无正当理由,直销企业不向直销员支付报酬,或者不向直销员、消费者支付退货款的;

(二)直销企业发生停业、合并、解散、转让、破产等情

况,无力向直销员支付报酬或者无力向直销员和消费者支付退货款的;

(三)因直销产品问题给消费者造成损失,依法应当进行赔偿,直销企业无正当理由拒绝赔偿或者无力赔偿的。

第三十一条 保证金依照本条例第三十条规定使用后,直销企业应当在1个月内将保证金的数额补足到本条例第二十九条第二款规定的水平。

第三十二条 直销企业不得以保证金对外担保或者违反本条例规定用于清偿债务。

第三十三条 直销企业不再从事直销活动的,凭国务院商务主管部门和国务院工商行政管理部门出具的凭证,可以向银行取回保证金。

第三十四条 国务院商务主管部门和国务院工商行政管理部门共同负责保证金的日常监管工作。

保证金存缴、使用的具体管理办法由国务院商务主管部门、国务院工商行政管理部门会同有关部门另行制定。

第六章 监督管理

第三十五条 工商行政管理部门负责对直销企业和直销员及其直销活动实施日常的监督管理。工商行政管理部门可以采取下列措施进行现场检查:

(一)进入相关企业进行检查;

(二)要求相关企业提供有关文件、资料和证明材料;

(三)询问当事人、利害关系人和其他有关人员,并要求其提供有关材料;

（四）查阅、复制、查封、扣押相关企业与直销活动有关的材料和非法财物；

（五）检查有关人员的直销培训员证、直销员证等证件。

工商行政管理部门依照前款规定进行现场检查时，检查人员不得少于2人，并应当出示合法证件；实施查封、扣押的，必须经县级以上工商行政管理部门主要负责人批准。

第三十六条 工商行政管理部门实施日常监督管理，发现有关企业有涉嫌违反本条例行为的，经县级以上工商行政管理部门主要负责人批准，可以责令其暂时停止有关的经营活动。

第三十七条 工商行政管理部门应当设立并公布举报电话，接受对违反本条例行为的举报和投诉，并及时进行调查处理。

工商行政管理部门应当为举报人保密；对举报有功人员，应当依照国家有关规定给予奖励。

第七章 法律责任

第三十八条 对直销企业和直销员及其直销活动实施监督管理的有关部门及其工作人员，对不符合本条例规定条件的申请予以许可或者不依照本条例规定履行监督管理职责的，对直接负责的主管人员和其他直接责任人员，依法给予行政处分；构成犯罪的，依法追究刑事责任。对不符合本条例规定条件的申请予以的许可，由作出许可决定的有关部门撤销。

第三十九条 违反本条例第九条和第十条规定，未经批准从事直销活动的，由工商行政管理部门责令改正，没收直销产品和违法销售收入，处5万元以上30万元以下的罚款；情节严重的，处30万元以上50万元以下的罚款，并依法予以取缔；构成犯罪的,依法追究刑事责任。

第四十条 申请人通过欺骗、贿赂等手段取得本条例第九条和第十条设定的许可的,由工商行政管理部门没收直销产品和违法销售收入,处5万元以上30万元以下的罚款,由国务院商务主管部门撤销其相应的许可,申请人不得再提出申请;情节严重的,处30万元以上50万元以下的罚款,并依法予以取缔;构成犯罪的,依法追究刑事责任。

第四十一条 直销企业违反本条例第十一条规定的,由工商行政管理部门责令改正,处3万元以上30万元以下的罚款;对不再符合直销经营许可条件的,由国务院商务主管部门吊销其直销经营许可证。

第四十二条 直销企业违反规定,超出直销产品范围从事直销经营活动的,由工商行政管理部门责令改正,没收直销产品和违法销售收入,处5万元以上30万元以下的罚款;情节严重的,处30万元以上50万元以下的罚款,由工商行政管理部门吊销有违法经营行为的直销企业分支机构的营业执照直至由国务院商务主管部门吊销直销企业的直销经营许可证。

第四十三条 直销企业及其直销员违反本条例规定,有欺骗、误导等宣传和推销行为的,对直销企业,由工商行政管理部门处3万元以上10万元以下的罚款;情节严重的,处10万元以上30万元以下的罚款,由工商行政管理部门吊销有违法经营行为的直销企业分支机构的营业执照直至由国务院商务主管部门吊销直销企业的直销经营许可证。对直销员,由工商行政管理部门处5万元以下的罚款;情节严重的,责令直销企业撤销其直销员资格。

第四十四条 直销企业及其分支机构违反本条例规定招募

直销员的，由工商行政管理部门责令改正，处 3 万元以上 10 万元以下的罚款；情节严重的，处 10 万元以上 30 万元以下的罚款，由工商行政管理部门吊销有违法经营行为的直销企业分支机构的营业执照直至由国务院商务主管部门吊销直销企业的直销经营许可证。

第四十五条 违反本条例规定，未取得直销员证从事直销活动的，由工商行政管理部门责令改正，没收直销产品和违法销售收入，可以处 2 万元以下的罚款；情节严重的，处 2 万元以上 20 万元以下的罚款。

第四十六条 直销企业进行直销员业务培训违反本条例规定的，由工商行政管理部门责令改正，没收违法所得，处 3 万元以上 10 万元以下的罚款；情节严重的，处 10 万元以上 30 万元以下的罚款，由工商行政管理部门吊销有违法经营行为的直销企业分支机构的营业执照直至由国务院商务主管部门吊销直销企业的直销经营许可证；对授课人员，由工商行政管理部门处 5 万元以下的罚款，是直销培训员的，责令直销企业撤销其直销培训员资格。

直销企业以外的单位和个人组织直销员业务培训的，由工商行政管理部门责令改正，没收违法所得，处 2 万元以上 20 万元以下的罚款。

第四十七条 直销员违反本条例第二十二条规定的，由工商行政管理部门没收违法销售收入，可以处 5 万元以下的罚款；情节严重的，责令直销企业撤销其直销员资格，并对直销企业处 1 万元以上 10 万元以下的罚款。

第四十八条 直销企业违反本条例第二十三条规定的，依照价格法的有关规定处理。

第四十九条 直销企业违反本条例第二十四条和第二十五条规定的,由工商行政管理部门责令改正,处 5 万元以上 30 万元以下的罚款;情节严重的,处 30 万元以上 50 万元以下的罚款,由工商行政管理部门吊销有违法经营行为的直销企业分支机构的营业执照直至由国务院商务主管部门吊销直销企业的直销经营许可证。

第五十条 直销企业未依照有关规定进行信息报备和披露的,由工商行政管理部门责令限期改正,处 10 万元以下的罚款;情节严重的,处 10 万元以上 30 万元以下的罚款;拒不改正的,由国务院商务主管部门吊销其直销经营许可证。

第五十一条 直销企业违反本条例第五章有关规定的,由工商行政管理部门责令限期改正,处 10 万元以下的罚款;拒不改正的,处 10 万元以上 30 万元以下的罚款,由国务院商务主管部门吊销其直销经营许可证。

第五十二条 违反本条例的违法行为同时违反《禁止传销条例》的,依照《禁止传销条例》有关规定予以处罚。

第八章 附 则

第五十三条 直销企业拟成立直销企业协会等社团组织,应当经国务院商务主管部门批准,凭批准文件依法申请登记。

第五十四条 香港特别行政区、澳门特别行政区和台湾地区的投资者在境内投资建立直销企业,开展直销活动的,参照本条例有关外国投资者的规定办理。

第五十五条 本条例自 2005 年 12 月 1 日起施行。

附 录

直销行业服务网点设立管理办法

中华人民共和国商务部令
2006 年第 20 号

《直销行业服务网点设立管理办法》已经 2006 年 8 月 21 日商务部第八次部务会议讨论通过，现予公布，自 2006 年 10 月 20 日起施行。

商务部部长
二〇〇六年九月二十一日

第一条 为规范直销行为，加强对直销活动的监管，根据《直销管理条例》（以下简称《条例》），制定本办法。

第二条 申请企业提交的申请材料应包含其在拟从事直销地区的服务网点方案。服务网点方案应符合下列条件：

（一）便于满足最终消费者、直销员了解商品性能、价格和退换货等要求；

（二）服务网点不得设在居民住宅、学校、医院、部队、政府机关等场所；

（三）符合当地县级以上（含县级）人民政府关于直销行业服务网点设立的相关要求。

第三条 商务部以市/县为批准从事直销活动的基本区域单位。对于设区的市，申报企业应在该市的每个城区设立不少于一个服务网点，在该市其他区/县开展直销活动应按本办法申报。

县级以上（含县级）商务主管部门应当根据《条例》第十条第二款对申请企业提交的服务网点方案进行审查。经审查同意的，应当向省级商务主管部门出具该服务网点方案符合本办法第二条相关规定的书面认可函。

第四条 省级商务主管部门向商务部转报企业申请材料时，应当同时出具对服务网点方案的确认函。确认函应当包含下列内容：

（一）企业服务网点方案经所在地区/县级以上（含县级）商务主管部门认可；

（二）该企业在本省拟从事直销业务区域内的服务网点方案符合《条例》第十条第二款规定的条件。

第五条 依法取得直销经营许可证的企业应当于批准文件下发之日起6个月内按其上报并经商务部核准的服务网点方案完成服务网点的设立。6个月内未能按商务部核准的服务网点方案完成服务网点设立的企业，不得在未完成服务网点方案的地区从事直销业务，该企业若要在上述地区开展直销业务，应按《条例》规定另行申报。

第六条 有关省、自治区、直辖市商务主管部门应会同服务网点所在地的区/县级以上（含县级）商务主管部门，根据《条例》及有关规定对直销企业在该省、自治区、直辖市内已设立的服务网点进行核查，并将全省、自治区、直辖市核查结果一次性报商务部备案。商务部备案后通过直销行业管理网站公布直销企业可从事直销业务的地区及服务网点。直销企业不得在未完成核查和备案前开展直销活动。

第七条 直销企业可根据业务发展需要增加服务网点，在已批准从事直销的地区增加服务网点不需要报批，但应当将增设方案通过省级商务主管部门报商务部备案。商务部备案后通过直销行业管理网站公布直销企业在已批准从事直销的地区增加的服务网点。

地方商务主管部门可根据《条例》第十条第二款要求直销企业在本地区增加服务网点，但应说明理由。

直销企业调整服务网点方案，减少服务网点应报原审批部门批准，并按规定备案。

第八条 违反本办法规定的，按照《条例》第三十九条规定予以处罚。

第九条 相关商务主管部门及其工作人员必须依法履行职责，进行服务网点设立管理工作，违反《条例》及本办法规定的，按照《条例》第三十八条规定予以处罚。

第十条 本办法由商务部负责解释。

第十一条 本办法自2006年10月20日起实施。

禁止传销条例

中华人民共和国国务院令

第 444 号

《禁止传销条例》已经 2005 年 8 月 10 日国务院第 101 次常务会议通过,现予公布,自 2005 年 11 月 1 日起施行。

总理 温家宝
二〇〇五年八月二十三日

第一章 总 则

第一条 为了防止欺诈,保护公民、法人和其他组织的合法权益,维护社会主义市场经济秩序,保持社会稳定,制定本条例。

第二条 本条例所称传销,是指组织者或者经营者发展人员,通过对被发展人员以其直接或者间接发展的人员数量或者销售业绩为依据计算和给付报酬，或者要求被发展人员以交纳一定费用为条件取得加入资格等方式牟取非法利益，扰乱经济秩序，影响社会稳定的行为。

第三条 县级以上地方人民政府应当加强对查处传销工作的领导，支持、督促各有关部门依法履行监督管理职责。

县级以上地方人民政府应当根据需要，建立查处传销工作的协调机制，对查处传销工作中的重大问题及时予以协调、解决。

第四条 工商行政管理部门、公安机关应当依照本条例的规定，在各自的职责范围内查处传销行为。

第五条 工商行政管理部门、公安机关依法查处传销行为，应当坚持教育与处罚相结合的原则，教育公民、法人或者其他组织自觉守法。

第六条 任何单位和个人有权向工商行政管理部门、公安机关举报传销行为。工商行政管理部门、公安机关接到举报后，应当立即调查核实，依法查处，并为举报人保密；经调查属实的，依照国家有关规定对举报人给予奖励。

第二章 传销行为的种类与查处机关

第七条 下列行为，属于传销行为：

（一）组织者或者经营者通过发展人员，要求被发展人员发展其他人员加入，对发展的人员以其直接或者间接滚动发展的人员数量为依据计算和给付报酬（包括物质奖励和其他经济利益，下同），牟取非法利益的；

（二）组织者或者经营者通过发展人员，要求被发展人员交纳费用或者以认购商品等方式变相交纳费用，取得加入或者发展其他人员加入的资格，牟取非法利益的；

（三）组织者或者经营者通过发展人员，要求被发展人员发展其他人员加入，形成上下线关系，并以下线的销售业绩为依据计算和给付上线报酬，牟取非法利益的。

第八条　工商行政管理部门依照本条例的规定，负责查处本条例第七条规定的传销行为。

第九条　利用互联网等媒体发布含有本条例第七条规定的传销信息的，由工商行政管理部门会同电信等有关部门依照本条例的规定查处。

第十条　在传销中以介绍工作、从事经营活动等名义欺骗他人离开居所地非法聚集并限制其人身自由的，由公安机关会同工商行政管理部门依法查处。

第十一条　商务、教育、民政、财政、劳动保障、电信、税务等有关部门和单位，应当依照各自职责和有关法律、行政法规的规定配合工商行政管理部门、公安机关查处传销行为。

第十二条　农村村民委员会、城市居民委员会等基层组织，应当在当地人民政府指导下，协助有关部门查处传销行为。

第十三条　工商行政管理部门查处传销行为，对涉嫌犯罪的，应当依法移送公安机关立案侦查；公安机关立案侦查传销案件，对经侦查不构成犯罪的，应当依法移交工商行政管理部门查处。

第三章　查处措施和程序

第十四条　县级以上工商行政管理部门对涉嫌传销行为进

行查处时,可以采取下列措施:

(一) 责令停止相关活动;

(二) 向涉嫌传销的组织者、经营者和个人调查、了解有关情况;

(三) 进入涉嫌传销的经营场所和培训、集会等活动场所,实施现场检查;

(四) 查阅、复制、查封、扣押涉嫌传销的有关合同、票据、账簿等资料;

(五) 查封、扣押涉嫌专门用于传销的产品(商品)、工具、设备、原材料等财物;

(六) 查封涉嫌传销的经营场所;

(七) 查询涉嫌传销的组织者或者经营者的账户及与存款有关的会计凭证、账簿、对账单等;

(八) 对有证据证明转移或者隐匿违法资金的,可以申请司法机关予以冻结。

工商行政管理部门采取前款规定的措施,应当向县级以上工商行政管理部门主要负责人书面或者口头报告并经批准。遇有紧急情况需要当场采取前款规定措施的,应当在事后立即报告并补办相关手续;其中,实施前款规定的查封、扣押,以及第(七)项、第(八)项规定的措施,应当事先经县级以上工商行政管理部门主要负责人书面批准。

第十五条 工商行政管理部门对涉嫌传销行为进行查处时,执法人员不得少于2人。

执法人员与当事人有直接利害关系的,应当回避。

第十六条 工商行政管理部门的执法人员对涉嫌传销行为进行查处时,应当向当事人或者有关人员出示证件。

第十七条 工商行政管理部门实施查封、扣押,应当向当事人当场交付查封、扣押决定书和查封、扣押财物及资料清单。

在交通不便地区或者不及时实施查封、扣押可能影响案件查处的,可以先行实施查封、扣押,并应当在24小时内补办查封、扣押决定书,送达当事人。

第十八条 工商行政管理部门实施查封、扣押的期限不得超过30日;案件情况复杂的,经县级以上工商行政管理部门主要负责人批准,可以延长15日。

对被查封、扣押的财物,工商行政管理部门应当妥善保管,不得使用或者损毁;造成损失的,应当承担赔偿责任。但是,因不可抗力造成的损失除外。

第十九条 工商行政管理部门实施查封、扣押,应当及时查清事实,在查封、扣押期间作出处理决定。

对于经调查核实属于传销行为的,应当依法没收被查封、扣押的非法财物;对于经调查核实没有传销行为或者不再需要查封、扣押的,应当在作出处理决定后立即解除查封,退还被扣押的财物。

工商行政管理部门逾期未作出处理决定的,被查封的物品视为解除查封,被扣押的财物应当予以退还。拒不退还的,当事人可以向人民法院提起行政诉讼。

第二十条 工商行政管理部门及其工作人员违反本条例的规定使用或者损毁被查封、扣押的财物,造成当事人经济损失的,应当承担赔偿责任。

第二十一条 工商行政管理部门对涉嫌传销行为进行查处时,当事人有权陈述和申辩。

第二十二条 工商行政管理部门对涉嫌传销行为进行查处

时，应当制作现场笔录。

现场笔录和查封、扣押清单由当事人、见证人和执法人员签名或者盖章，当事人不在现场或者当事人、见证人拒绝签名或者盖章的，执法人员应当在现场笔录中予以注明。

第二十三条 对于经查证属于传销行为的，工商行政管理部门、公安机关可以向社会公开发布警示、提示。

向社会公开发布警示、提示应当经县级以上工商行政管理部门主要负责人或者公安机关主要负责人批准。

第四章 法律责任

第二十四条 有本条例第七条规定的行为，组织策划传销的，由工商行政管理部门没收非法财物，没收违法所得，处50万元以上200万元以下的罚款；构成犯罪的，依法追究刑事责任。

有本条例第七条规定的行为，介绍、诱骗、胁迫他人参加传销的，由工商行政管理部门责令停止违法行为，没收非法财物，没收违法所得，处10万元以上50万元以下的罚款；构成犯罪的，依法追究刑事责任。

有本条例第七条规定的行为，参加传销的，由工商行政管理部门责令停止违法行为，可以处2000元以下的罚款。

第二十五条 工商行政管理部门依照本条例第二十四条的规定进行处罚时，可以依照有关法律、行政法规的规定，责令停业整顿或者吊销营业执照。

第二十六条 为本条例第七条规定的传销行为提供经营场所、培训场所、货源、保管、仓储等条件的，由工商行政管理部门责令停止违法行为,没收违法所得,处5万元以上50万元以下的罚款。

为本条例第七条规定的传销行为提供互联网信息服务的,由工商行政管理部门责令停止违法行为,并通知有关部门依照《互联网信息服务管理办法》予以处罚。

第二十七条 当事人擅自动用、调换、转移、损毁被查封、扣押财物的,由工商行政管理部门责令停止违法行为,处被动用、调换、转移、损毁财物价值5%以上20%以下的罚款;拒不改正的,处被动用、调换、转移、损毁财物价值1倍以上3倍以下的罚款。

第二十八条 有本条例第十条规定的行为或者拒绝、阻碍工商行政管理部门的执法人员依法查处传销行为,构成违反治安管理行为的,由公安机关依照治安管理的法律、行政法规规定处罚;构成犯罪的,依法追究刑事责任。

第二十九条 工商行政管理部门、公安机关及其工作人员滥用职权、玩忽职守、徇私舞弊,未依照本条例规定的职责和程序查处传销行为,或者发现传销行为不予查处,或者支持、包庇、纵容传销行为,构成犯罪的,对直接负责的主管人员和其他直接责任人员,依法追究刑事责任;尚不构成犯罪的,依法给予行政处分。

第五章 附 则

第三十条 本条例自2005年11月1日起施行。

附 录

关于办理组织领导传销活动刑事案件适用法律若干问题的意见

公通字〔2013〕37号

各省、自治区、直辖市高级人民法院、人民检察院、公安厅、局,解放军军事法院、军事检察院,新疆维吾尔自治区高级人民法院生产建设兵团分院,新疆生产建设兵团人民检察院、公安局:

为解决近年来公安机关、人民检察院、人民法院在办理组织、领导传销活动刑事案件中遇到的问题,依法惩治组织、领导传销活动犯罪,根据刑法、刑事诉讼法的规定,结合司法实践,现就办理组织、领导传销活动刑事案件适用法律问题提出以下意见:

一、关于传销组织层级及人数的认定问题

以推销商品、提供服务等经营活动为名,要求参加者以缴纳费用或者购买商品、服务等方式获得加入资格,并按照一定顺序组成层级,直接或者间接以发展人员的数量作为计酬或者返利依据,引诱、胁迫参加者继续发展他人参加,骗取财物,扰乱经济社会秩序的传销组织,其组织内部参与传销活动人员在三十人以上且层级在三级以上的,应当对组织者、领导者追究刑事责任。

组织、领导多个传销组织,单个或者多个组织中的层级已达三级以上的,可将在各个组织中发展的人数合并计算。

组织者、领导者形式上脱离原传销组织后,继续从原传销组织获取报酬或者返利的,原传销组织在其脱离后发展人员的层级数和人数,应当计算为其发展的层级数和人数。

办理组织、领导传销活动刑事案件中,确因客观条件的限制无法逐一收集参与传销活动人员的言词证据的,可以结合依法收集并查证属实的缴纳、支付费用及计酬、返利记录,视听资料,传销人员关系图,银行账户交易记录,互联网电子数据,鉴定意见等证据,综合认定参与传销的人数、层级数等犯罪事实。

二、关于传销活动有关人员的认定和处理问题

下列人员可以认定为传销活动的组织者、领导者:

(一)在传销活动中起发起、策划、操纵作用的人员;

(二)在传销活动中承担管理、协调等职责的人员;

(三)在传销活动中承担宣传、培训等职责的人员;

(四)曾因组织、领导传销活动受过刑事处罚,或者一年以内因组织、领导传销活动受过行政处罚,又直接或者间接发展参与传销活动人员在十五人以上且层级在三级以上的人员;

(五)其他对传销活动的实施、传销组织的建立、扩大等起关键作用的人员。

以单位名义实施组织、领导传销活动犯罪的,对于受单位指派,仅从事劳务性工作的人员,一般不予追究刑事责任。

三、关于"骗取财物"的认定问题

传销活动的组织者、领导者采取编造、歪曲国家政策,虚

构、夸大经营、投资、服务项目及盈利前景,掩饰计酬、返利真实来源或者其他欺诈手段,实施刑法第二百二十四条之一规定的行为,从参与传销活动人员缴纳的费用或者购买商品、服务的费用中非法获利的,应当认定为骗取财物。参与传销活动人员是否认为被骗,不影响骗取财物的认定。

四、关于"情节严重"的认定问题

对符合本意见第一条第一款规定的传销组织的组织者、领导者,具有下列情形之一的,应当认定为刑法第二百二十四条之一规定的"情节严重":

(一)组织、领导的参与传销活动人员累计达一百二十人以上的;

(二)直接或者间接收取参与传销活动人员缴纳的传销资金数额累计达二百五十万元以上的;

(三)曾因组织、领导传销活动受过刑事处罚,或者一年以内因组织、领导传销活动受过行政处罚,又直接或者间接发展参与传销活动人员累计达六十人以上的;

(四)造成参与传销活动人员精神失常、自杀等严重后果的;

(五)造成其他严重后果或者恶劣社会影响的。

五、关于"团队计酬"行为的处理问题

传销活动的组织者或者领导者通过发展人员,要求传销活动的被发展人员发展其他人员加入,形成上下线关系,并以下线的销售业绩为依据计算和给付上线报酬,牟取非法利益的,是"团队计酬"式传销活动。

以销售商品为目的、以销售业绩为计酬依据的单纯的"团队计酬"式传销活动,不作为犯罪处理。形式上采取"团队计酬"方式，但实质上属于"以发展人员的数量作为计酬或者返利依据"的传销活动，应当依照刑法第二百二十四条之一的规定，以组织、领导传销活动罪定罪处罚。

六、关于罪名的适用问题

以非法占有为目的，组织、领导传销活动，同时构成组织、领导传销活动罪和集资诈骗罪的，依照处罚较重的规定定罪处罚。

犯组织、领导传销活动罪，并实施故意伤害、非法拘禁、敲诈勒索、妨害公务、聚众扰乱社会秩序、聚众冲击国家机关、聚众扰乱公共场所秩序、交通秩序等行为，构成犯罪的，依照数罪并罚的规定处罚。

七、其他问题

本意见所称"以上"、"以内"，包括本数。

本意见所称"层级"和"级"，系指组织者、领导者与参与传销活动人员之间的上下线关系层次，而非组织者、领导者在传销组织中的身份等级。

对传销组织内部人数和层级数的计算，以及对组织者、领导者直接或者间接发展参与传销活动人员人数和层级数的计算，包括组织者、领导者本人及其本层级在内。

最高人民法院
最高人民检察院
中华人民共和国公安部
2013年11月14日

打击传销规范直销信息系统
使用管理暂行规定

国家工商行政管理总局关于印发《打击传销规范
直销信息系统使用管理暂行规定》的通知

工商直字〔2011〕214号

各省、自治区、直辖市及计划单列市、副省级市工商行政管理局、市场监督管理局：

为进一步规范"打击传销规范直销信息系统"的管理及使用，有效发挥信息系统在打击传销规范直销工作中的作用，国家工商行政管理总局研究制定了《打击传销规范直销信息系统使用管理暂行规定》。现印发给你们，请结合本地情况，认真贯彻执行。

国家工商行政管理总局
二〇一一年十一月三日

第一章 总 则

第一条 为规范"打击传销规范直销信息系统"的管理及使用,有效发挥信息系统在打击传销规范直销工作中的作用,保证信息系统正常运行和信息资源安全,制定本规定。

第二条 本规定所称"打击传销规范直销信息系统"(以下简称信息系统),是国家工商行政管理总局综合业务管理系统的重要组成部分,是依据《禁止传销条例》、《直销管理条例》、《直销企业信息报备、披露管理办法》等相关规定开发的工商行政管理机关打击传销规范直销信息化工作平台。

第三条 本规定适用于管理和使用信息系统的单位和个人。

第二章 职 责

第四条 信息系统的建设使用,按照统一领导、逐级负责、资源共享和安全保密的原则执行。

第五条 国家工商行政管理总局直销监督管理局和经济信息中心负责信息系统的建设和推广应用工作,履行下列职责:

(一)负责信息系统推广应用工作的组织协调和技术指导;

(二)负责制定信息系统建设的相关数据规范、技术标准,并组织实施;

(三)负责信息系统数据库的建设和维护;

(四)负责各省级工商行政管理机关上报数据的储存、审核、汇总及统计分析;

(五)负责各省信息的授权查阅与相关部门信息交换的沟

通、组织、协调工作。

第六条 省、自治区、直辖市工商行政管理局（以下统称"省级工商行政管理局"）及副省级、地市级和县（区）级工商行政管理局负责辖区内信息系统的应用工作，履行下列职责：

（一）负责辖区内信息系统的应用工作，负责组织培训、指导并制定相应的管理制度；

（二）负责辖区内信息系统相关的数据规范和技术标准的运用；

（三）负责辖区内网络建设和技术保障，确保辖区各级工商行政管理机关的网络与国家工商行政管理总局网络的畅通；

（四）负责组织辖区内信息数据的录入、复核、审核、上报等相关工作和组织开展信息查询、汇总、统计分析工作；

（五）负责辖区内信息的授权查阅与辖区内相关部门信息交换的沟通、组织、协调工作。

第七条 各级工商行政管理机关应当加强信息系统应用过程中的组织协调、技术保障和使用管理工作，要保证录入数据的及时性、准确性和使用安全性，明确各职能机构的职责权限，确保信息系统联网畅通、数据完整，充分利用系统信息，发挥整体职能作用。

第三章 系统用户及权限管理

第八条 用户分类

信息系统的用户分为：系统管理员、工商行政管理系统用户和直销企业用户。

系统管理员：指各级工商行政管理机关为保证信息系统正常运行，指定负责管理信息系统运行的工作人员。包括：国家工商行政管理总局直销监督管理局管理员和省级工商行政管理局管理员、副省级工商行政管理局管理员、地市级工商行政管理局管理员和县（区）级工商行政管理局管理员；

工商行政管理系统用户：指经各级系统管理员授权的各级工商行政管理机关工作人员；

直销企业用户：指经国家工商总局直销监督管理局授权并负责向国家工商行政管理总局直销监督管理局报备企业信息的直销企业工作人员。

第九条 系统管理员权限

国家工商行政管理总局直销监督管理局管理员负责管理国家工商行政管理总局机关用户，同时负责直销企业用户的授权管理；

省级工商行政管理局管理员负责管理本省级局用户；

副省级、地市级工商行政管理局管理员负责管理本地市级工商局用户；

县（区）级工商行政管理局管理员负责管理本县（区）级局用户。

第十条 工商行政管理系统用户的管理

各级工商行政管理系统用户由各级系统管理员负责管理。

各级工商行政管理系统用户应采用实名制，用户姓名、所在机关、所在单位必须按规定准确填写。

各级工商行政管理系统用户应由参加过信息系统培训的工作人员担任，熟悉信息系统操作流程和管理规定，能够熟练运用信息系统各项功能开展打击传销规范直销工作，并应每天登录信息系统，及时处理信息数据。

第十一条 直销企业用户的管理

直销企业用户的管理由国家工商行政管理总局直销监督管理局另行规定。

第四章 数据采集报送

第十二条 各级工商行政管理机关在查办案件、取缔窝点、遣散人员时，要将采集、录入信息列为规定程序之一。按照"谁主管、谁负责"的原则，要确定专人，及时采集、录入、上报有关信息，并力求信息的真实、准确、及时、完整。

第十三条 内容和要求

各级工商行政管理机关需采集上报的信息主要包括：禁止传销工作总体情况、查处传销案件信息、参与传销人员信息、直销监管工作总体情况、直销监管案件信息、直销协查信息、举报投诉信息等。

（一）禁止传销工作总体情况

禁止传销工作总体情况主要包括辖区内各级工商行政管理机关查处传销案件总数、案值以及查处违法主体情况等数据。

省以下各级工商行政管理机关将采集、汇总的禁止传销工作总体情况信息按规定格式录入系统后，逐级上报至省级工商行政管理局审核。审核通过后，由省级工商行政管理局汇总辖区总体情况按季上报国家工商行政管理总局直销监督管理局（每季度第一个月10日前报上季度数据）。

（二）查处传销案件信息

查处传销案件信息是指各省（自治区、直辖市）及以下工商行政管理机关立案查处的传销案件相关信息。

省以下各级工商行政管理机关在案件查结之日起5个工作日内将查处传销案件信息录入系统，逐级上报至省级工商行政管理局审核（每级审核时间为5个工作日）。省级工商行政管理局应在收到上报信息5个工作日内进行审核，并将审核通过的信息汇总上报国家工商行政管理总局直销监督管理局。需要转请相关省市进一步调查的应在结案后10个工作日内汇总上报。组织宣传报道的案件，应在结案后，宣传报道前上报。

（三）参与传销人员信息

参与传销人员信息是指各省（自治区、直辖市）及以下工商行政管理机关在开展打击传销工作中查处的各类参与传销人员的基本信息。主要包括姓名、身份、性别、证件类型、证件号码、身份证登记地址、查处机关、查处日期、处理结果等。

省以下各级工商行政管理机关在案件查结或整治行动等工作结束后5个工作日内，将涉及的各类参与传销人员信息录入系统，逐级上报至省级工商行政管理局进行审核（每级审核时间为5个工作日）。省级工商行政管理局应在收到上报信息5个工作日内进行审核，并将审核通过的信息汇总上报国家工商行政管理总局直销监督管理局。

（四）直销监管总体情况

直销监管工作总体情况主要包括辖区内各级工商行政管理机关查处违规直销案件及其他查处直销企业案件总数、案值以及查处违法主体情况等。

省以下各级工商行政管理机关将采集、汇总的本辖区信息按规定格式录入系统后，逐级上报至省级工商行政管理局审核。

审核通过后，由省级工商行政管理局汇总辖区总体情况按季上报国家工商行政管理总局直销监督管理局（每季度第一个月10日前报上季度数据）。

（五）直销监管案件信息

直销监管案件信息主要包括：对直销企业作出的行政处罚案件信息；对直销企业分公司作出的行政处罚案件信息；对直销企业经销商、店铺作出的行政处罚案件信息；对直销企业培训员、直销员作出的行政处罚案件信息；直销企业及其分支机构、直销员、经销商从事传销受到处罚的案件信息；其他依据《直销管理条例》作出的行政处罚案件信息。

省级工商行政管理局拟对直销企业、直销企业分公司进行行政处罚的案件，在正式立案后10个工作日内，先行书面向国家工商行政管理总局直销监督管理局报送简要情况，在行政处罚决定书作出后10个工作日内，再将行政处罚决定书录入系统并报送国家工商行政管理总局直销监督管理局。

省以下各级工商行政管理机关拟对直销企业、直销企业分公司进行行政处罚的案件，在正式立案后10个工作日内，先行通过省级工商行政管理局向国家工商行政管理总局直销监督管理局报送简要情况，在行政处罚决定书作出后10个工作日内录入系统，并逐级上报至省级工商行政管理局审核。省级工商行政管理局在收到行政处罚决定书10个工作日内报送国家工商行政管理总局直销监督管理局。

（六）直销协查信息

直销协查信息是指各级工商行政管理机关协助查明申请直销企业（或申请扩大直销区域企业）从事经营活动过程中的涉案及违法违章行为信息。

省级工商行政管理局接到国家工商行政管理总局直销监督管理局的协查通知后,应根据要求及时了解掌握企业的违法经营行为信息,并在规定时限内录入信息系统上报国家工商行政管理总局直销监督管理局。

(七) 直销报备信息

直销报备信息是指《直销企业信息报备、披露管理办法》中所规定的信息内容,包括直销员信息、直销企业及其分支机构信息、直销产品信息等。

1. 直销企业注册地省级工商行政管理局负责指导直销企业注册地工商行政管理局监督管理本辖区内直销企业报备披露信息,指导本系统结合报备披露信息开展监管工作。

2. 直销企业注册地工商行政管理机关对本辖区内直销企业的报备披露信息进行监督管理;对直销企业未依照有关规定报备披露相关信息,以及报备披露信息有虚假、严重误导性陈述或重大遗漏的,应依法进行查处。

3. 直销活动地省级工商行政管理局负责指导本系统结合报备披露信息开展监管工作。

4. 直销活动地各级工商行政管理机关应当充分利用信息系统,加强对报备信息的统计分析,掌握辖区内直销经营情况,开展网上巡查,加大对直销招募、培训、考试、计酬等重点环节以及直销企业及其分支机构、直销员、直销培训员等重点对象的监管力度,完善监管档案,提高监管效率。

5. 直销活动地工商行政管理机关发现直销企业信息报备披露中发布虚假、严重误导性陈述或者遗漏重大信息的,应当及时将线索和证据移送直销企业注册地工商行政管理机关。

（八）举报投诉信息

举报投诉信息包括上级工商行政管理机关录入批转、本级工商行政管理机关接受举报投诉录入或社会群众从外网直接举报投诉通过系统自动分发的信息。

各级工商行政管理机关应指定专人按照以下要求，负责举报投诉信息的处理：

1. 对一般举报投诉信息，应在接收到举报投诉信息 15 个工作日内按规定程序进行处理并填写处理结果；

2. 对于上级工商行政管理机关要求报送处理结果的举报投诉，各级工商行政管理机关应及时组织处理并审核处理结果，按规定时限要求逐级上报；

3. 如接收的举报投诉发生地不属于本辖区管理范围，应在 5 个工作日内退回上一级工商行政管理机关重新分发，并在分发退回栏注明退回原因；

4. 对无从查证的举报投诉信息或无效信息，可以不予受理，但应在不予受理栏填写具体原因；

5. 对举报投诉案件的处理结果，各级工商行政管理机关认为有必要上报的，可以逐级上报至国家工商行政管理总局直销监督管理局。

第五章 数据应用

第十四条 各级工商行政管理机关应当充分利用打击传销规范直销信息数据，加强统计分析和部门之间信息沟通，及时了解掌握传销、直销动态，提高打击传销规范直销工作的效能。

第十五条 工商行政管理机关在办理传销案件、查处传销行为时，可登录信息系统，将涉嫌传销的组织或当事人的信息与信息系统存储信息进行查询比对，发现是否存在多次参与传销的情况。工商行政管理机关打击传销规范直销工作部门，应当每天登录信息系统，及时处理信息。

第十六条　省级工商行政管理局应依托信息系统，定期分析辖区内传销人员流入地区、流出地区分布情况，建立和完善传销人员流动情况通报机制，加大对辖区内重点区域、重点人群传销活动防范力度，实现有效监控。

第十七条　各级工商行政管理机关应充分利用直销企业披露信息和授权查阅的相关信息，开展直销监督管理工作。

第十八条　各级工商行政管理机关可以按照授权查询辖区外及其他部门提供的有关信息，使用共享数据应保证信息系统数据的合法运用和安全。

第十九条　各省级工商局可以向国家工商行政管理总局直销监督管理局提出书面申请，经同意授权后，可下载本省的打击传销规范直销信息。

第六章　安全保密与奖惩

第二十条　各级工商行政管理机关应牢固树立安全保密观念，严格执行有关信息安全管理规定，确保信息系统网络安全和数据安全。

第二十一条　本信息系统中的打击传销规范直销工作数据信息仅限于各级工商行政管理机关内部使用。对于不宜公开的信息要严格执行政务信息公开相关规定，在业务工作中依法予以限制。

第二十二条 任何单位和个人不得擅自复制、刻录或抄摘、转发信息系统中的涉密信息，不得把不宜公开信息私自带出工作场所或提供无关人员查阅、抄录。

第二十三条 国家工商行政管理总局直销监督管理局和经济信息中心适时对各级工商行政管理机关推广应用信息系统情况进行跟踪检查；信息录入情况将纳入年度打击传销综合治理工作进行考评。

第二十四条 对在信息系统推广应用工作中做出突出成绩的单位和个人给予通报表扬。

第二十五条 未按本规定要求采集、上报打击传销规范直销数据，或者采集、上报的数据有错误，导致使用的工商行政管理机关工作失误的，由采集、上报该数据的工商行政管理机关承担相应的责任。

第二十六条 未按本规定使用打击传销规范直销数据，特别是未按规定使用了依法应当限制的相关数据，导致工作失误或泄密的，由使用数据的工商行政管理机关承担相应的责任。

第二十七条 对其他违反相关管理规定造成工作重大失误或严重影响工作开展的单位或个人，依照有关规定给予通报批评或处分。

第七章 附 则

第二十八条 各级工商行政管理机关应严格执行本规定，切实把信息系统的推广应用作为建立打击传销规范直销长效监管机制的重要手段，确保信息系统高效、安全、稳定、畅通运行。

第二十九条 各省级工商行政管理局可参照本规定，结合工作实际制定本辖区范围内信息系统使用管理相关规定。

第三十条 本规定由国家工商行政管理总局直销监督管理局、经济信息中心负责解释。

第三十一条 本规定自颁布之日起施行。

中华人民共和国反不正当竞争法

中华人民共和国主席令

第七十七号

《中华人民共和国反不正当竞争法》已由中华人民共和国第十二届全国人民代表大会常务委员会第三十次会议于 2017 年 11 月 4 日修订通过，现将修订后的《中华人民共和国反不正当竞争法》公布，自 2018 年 1 月 1 日起施行。

中华人民共和国主席　习近平
2017 年 11 月 4 日

（1993 年 9 月 2 日第八届全国人民代表大会常务委员会第三次会议通过；根据 2017 年 11 月 4 日第十二届全国人民代表大会常务委员会第三十次会议修订）

第一章　总　　则

第一条　为了促进社会主义市场经济健康发展，鼓励和保护公平竞争，制止不正当竞争行为，保护经营者和消费者的合法权益，制定本法。

第二条 经营者在生产经营活动中，应当遵循自愿、平等、公平、诚信的原则，遵守法律和商业道德。

本法所称的不正当竞争行为，是指经营者在生产经营活动中，违反本法规定，扰乱市场竞争秩序，损害其他经营者或者消费者的合法权益的行为。

本法所称的经营者，是指从事商品生产、经营或者提供服务（以下所称商品包括服务）的自然人、法人和非法人组织。

第三条 各级人民政府应当采取措施，制止不正当竞争行为，为公平竞争创造良好的环境和条件。

国务院建立反不正当竞争工作协调机制，研究决定反不正当竞争重大政策，协调处理维护市场竞争秩序的重大问题。

第四条 县级以上人民政府履行工商行政管理职责的部门对不正当竞争行为进行查处；法律、行政法规规定由其他部门查处的，依照其规定。

第五条 国家鼓励、支持和保护一切组织和个人对不正当竞争行为进行社会监督。

国家机关及其工作人员不得支持、包庇不正当竞争行为。

行业组织应当加强行业自律，引导、规范会员依法竞争，维护市场竞争秩序。

第二章 不正当竞争行为

第六条 经营者不得实施下列混淆行为，引人误认为是他人商品或者与他人存在特定联系：

（一）擅自使用与他人有一定影响的商品名称、包装、装潢等相同或者近似的标识；

（二）擅自使用他人有一定影响的企业名称（包括简称、字号等）、社会组织名称（包括简称等）、姓名（包括笔名、艺名、译名等）；

（三）擅自使用他人有一定影响的域名主体部分、网站名称、网页等；

（四）其他足以引人误认为是他人商品或者与他人存在特定联系的混淆行为。

第七条 经营者不得采用财物或者其他手段贿赂下列单位或者个人，以谋取交易机会或者竞争优势：

（一）交易相对方的工作人员；

（二）受交易相对方委托办理相关事务的单位或者个人；

（三）利用职权或者影响力影响交易的单位或者个人。

经营者在交易活动中，可以以明示方式向交易相对方支付折扣，或者向中间人支付佣金。经营者向交易相对方支付折扣、向中间人支付佣金的，应当如实入账。接受折扣、佣金的经营者也应当如实入账。

经营者的工作人员进行贿赂的，应当认定为经营者的行为；但是，经营者有证据证明该工作人员的行为与为经营者谋取交易机会或者竞争优势无关的除外。

第八条 经营者不得对其商品的性能、功能、质量、销售状况、用户评价、曾获荣誉等作虚假或者引人误解的商业宣传，欺骗、误导消费者。

经营者不得通过组织虚假交易等方式，帮助其他经营者进行虚假或者引人误解的商业宣传。

第九条　经营者不得实施下列侵犯商业秘密的行为：

（一）以盗窃、贿赂、欺诈、胁迫或者其他不正当手段获取权利人的商业秘密；

（二）披露、使用或者允许他人使用以前项手段获取的权利人的商业秘密；

（三）违反约定或者违反权利人有关保守商业秘密的要求，披露、使用或者允许他人使用其所掌握的商业秘密。

第三人明知或者应知商业秘密权利人的员工、前员工或者其他单位、个人实施前款所列违法行为，仍获取、披露、使用或者允许他人使用该商业秘密的，视为侵犯商业秘密。

本法所称的商业秘密，是指不为公众所知悉、具有商业价值并经权利人采取相应保密措施的技术信息和经营信息。

第十条　经营者进行有奖销售不得存在下列情形：

（一）所设奖的种类、兑奖条件、奖金金额或者奖品等有奖销售信息不明确，影响兑奖；

（二）采用谎称有奖或者故意让内定人员中奖的欺骗方式进行有奖销售；

（三）抽奖式的有奖销售，最高奖的金额超过五万元。

第十一条　经营者不得编造、传播虚假信息或者误导性信息，损害竞争对手的商业信誉、商品声誉。

第十二条　经营者利用网络从事生产经营活动，应当遵守本法的各项规定。

经营者不得利用技术手段，通过影响用户选择或者其他方式，实施下列妨碍、破坏其他经营者合法提供的网络产品或者服务正常运行的行为：

（一）未经其他经营者同意，在其合法提供的网络产品或者服务中，插入链接、强制进行目标跳转；

（二）误导、欺骗、强迫用户修改、关闭、卸载其他经营者合法提供的网络产品或者服务；

（三）恶意对其他经营者合法提供的网络产品或者服务实施不兼容；

（四）其他妨碍、破坏其他经营者合法提供的网络产品或者服务正常运行的行为。

第三章　对涉嫌不正当竞争行为的调查

第十三条　监督检查部门调查涉嫌不正当竞争行为，可以采取下列措施：

（一）进入涉嫌不正当竞争行为的经营场所进行检查；

（二）询问被调查的经营者、利害关系人及其他有关单位、个人，要求其说明有关情况或者提供与被调查行为有关的其他资料；

（三）查询、复制与涉嫌不正当竞争行为有关的协议、账簿、单据、文件、记录、业务函电和其他资料；

（四）查封、扣押与涉嫌不正当竞争行为有关的财物；

（五）查询涉嫌不正当竞争行为的经营者的银行账户。

采取前款规定的措施，应当向监督检查部门主要负责人书面报告，并经批准。采取前款第四项、第五项规定的措施，应当向设区的市级以上人民政府监督检查部门主要负责人书面报告，并经批准。

监督检查部门调查涉嫌不正当竞争行为，应当遵守《中华人民共和国行政强制法》和其他有关法律、行政法规的规定，并应当将查处结果及时向社会公开。

第十四条　监督检查部门调查涉嫌不正当竞争行为，被调查的经营者、利害关系人及其他有关单位、个人应当如实提供有关资料或者情况。

第十五条 监督检查部门及其工作人员对调查过程中知悉的商业秘密负有保密义务。

第十六条 对涉嫌不正当竞争行为，任何单位和个人有权向监督检查部门举报，监督检查部门接到举报后应当依法及时处理。

监督检查部门应当向社会公开受理举报的电话、信箱或者电子邮件地址，并为举报人保密。对实名举报并提供相关事实和证据的，监督检查部门应当将处理结果告知举报人。

第四章 法律责任

第十七条 经营者违反本法规定，给他人造成损害的，应当依法承担民事责任。

经营者的合法权益受到不正当竞争行为损害的，可以向人民法院提起诉讼。

因不正当竞争行为受到损害的经营者的赔偿数额，按照其因被侵权所受到的实际损失确定；实际损失难以计算的，按照侵权人因侵权所获得的利益确定。赔偿数额还应当包括经营者为制止侵权行为所支付的合理开支。

经营者违反本法第六条、第九条规定，权利人因被侵权所受到的实际损失、侵权人因侵权所获得的利益难以确定的，由人民法院根据侵权行为的情节判决给予权利人三百万元以下的赔偿。

第十八条 经营者违反本法第六条规定实施混淆行为的，由监督检查部门责令停止违法行为，没收违法商品。违法经营额五万元以上的，可以并处违法经营额五倍以下的罚款；没有违法经营额或者违法经营额不足五万元的，可以并处二十五万元以下的罚款。情节严重的，吊销营业执照。

经营者登记的企业名称违反本法第六条规定的，应当及时办理名称变更登记；名称变更前，由原企业登记机关以统一社会信用代码代替其名称。

第十九条　经营者违反本法第七条规定贿赂他人的，由监督检查部门没收违法所得，处十万元以上三百万元以下的罚款。情节严重的，吊销营业执照。

第二十条　经营者违反本法第八条规定对其商品作虚假或者引人误解的商业宣传，或者通过组织虚假交易等方式帮助其他经营者进行虚假或者引人误解的商业宣传的，由监督检查部门责令停止违法行为，处二十万元以上一百万元以下的罚款；情节严重的，处一百万元以上二百万元以下的罚款，可以吊销营业执照。

经营者违反本法第八条规定，属于发布虚假广告的，依照《中华人民共和国广告法》的规定处罚。

第二十一条　经营者违反本法第九条规定侵犯商业秘密的，由监督检查部门责令停止违法行为，处十万元以上五十万元以下的罚款；情节严重的，处五十万元以上三百万元以下的罚款。

第二十二条　经营者违反本法第十条规定进行有奖销售的，由监督检查部门责令停止违法行为，处五万元以上五十万元以下的罚款。

第二十三条　经营者违反本法第十一条规定损害竞争对手商业信誉、商品声誉的，由监督检查部门责令停止违法行为、消除影响，处十万元以上五十万元以下的罚款；情节严重的，处五十万元以上三百万元以下的罚款。

第二十四条　经营者违反本法第十二条规定妨碍、破坏其他经营者合法提供的网络产品或者服务正常运行的,由监督检查部门责令停止违法行为,处十万元以上五十万元以下的罚款;情节严重的,处五十万元以上三百万元以下的罚款。

第二十五条 经营者违反本法规定从事不正当竞争,有主动消除或者减轻违法行为危害后果等法定情形的,依法从轻或者减轻行政处罚;违法行为轻微并及时纠正,没有造成危害后果的,不予行政处罚。

第二十六条 经营者违反本法规定从事不正当竞争,受到行政处罚的,由监督检查部门记入信用记录,并依照有关法律、行政法规的规定予以公示。

第二十七条 经营者违反本法规定,应当承担民事责任、行政责任和刑事责任,其财产不足以支付的,优先用于承担民事责任。

第二十八条 妨害监督检查部门依照本法履行职责,拒绝、阻碍调查的,由监督检查部门责令改正,对个人可以处五千元以下的罚款,对单位可以处五万元以下的罚款,并可以由公安机关依法给予治安管理处罚。

第二十九条 当事人对监督检查部门作出的决定不服的,可以依法申请行政复议或者提起行政诉讼。

第三十条 监督检查部门的工作人员滥用职权、玩忽职守、徇私舞弊或者泄露调查过程中知悉的商业秘密的,依法给予处分。

第三十一条 违反本法规定,构成犯罪的,依法追究刑事责任。

第五章 附 则

第三十二条 本法自 2018 年 1 月 1 日起施行。

中华人民共和国反垄断法

中华人共和国主席令

第六十八号

《中华人民共和国反垄断法》已由中华人民共和国第十届全国人民代表大会常务委员会第二十九次会议于2007年8月30日通过，现予公布，自2008年8月1日起施行。

中华人民共和国主席　胡锦涛

2007年8月30日

第一章　总　则

第一条 为了预防和制止垄断行为，保护市场公平竞争，提高经济运行效率，维护消费者利益和社会公共利益，促进社会主义市场经济健康发展，制定本法。

第二条 中华人民共和国境内经济活动中的垄断行为，适用本法；中华人民共和国境外的垄断行为，对境内市场竞争产生排除、限制影响的，适用本法。

第三条 本法规定的垄断行为包括：

（一）经营者达成垄断协议；

（二）经营者滥用市场支配地位；

（三）具有或者可能具有排除、限制竞争效果的经营者集中。

第四条 国家制定和实施与社会主义市场经济相适应的竞争规则，完善宏观调控，健全统一、开放、竞争、有序的市场体系。

第五条 经营者可以通过公平竞争、自愿联合，依法实施集中，扩大经营规模，提高市场竞争能力。

第六条 具有市场支配地位的经营者，不得滥用市场支配地位，排除、限制竞争。

第七条 国有经济占控制地位的关系国民经济命脉和国家安全的行业以及依法实行专营专卖的行业，国家对其经营者的合法经营活动予以保护，并对经营者的经营行为及其商品和服务的价格依法实施监管和调控，维护消费者利益，促进技术进步。

前款规定行业的经营者应当依法经营，诚实守信，严格自律，接受社会公众的监督，不得利用其控制地位或者专营专卖地位损害消费者利益。

第八条 行政机关和法律、法规授权的具有管理公共事务职能的组织不得滥用行政权力，排除、限制竞争。

第九条 国务院设立反垄断委员会，负责组织、协调、指导反垄断工作，履行下列职责：

（一）研究拟订有关竞争政策；

（二）组织调查、评估市场总体竞争状况，发布评估报告；

（三）制定、发布反垄断指南；

（四）协调反垄断行政执法工作；

（五）国务院规定的其他职责。

国务院反垄断委员会的组成和工作规则由国务院规定。

第十条 国务院规定的承担反垄断执法职责的机构（以下统称国务院反垄断执法机构）依照本法规定，负责反垄断执法工作。

国务院反垄断执法机构根据工作需要，可以授权省、自治区、直辖市人民政府相应的机构，依照本法规定负责有关反垄断执法工作。

第十一条 行业协会应当加强行业自律，引导本行业的经营者依法竞争，维护市场竞争秩序。

第十二条 本法所称经营者，是指从事商品生产、经营或者提供服务的自然人、法人和其他组织。

本法所称相关市场，是指经营者在一定时期内就特定商品或者服务（以下统称商品）进行竞争的商品范围和地域范围。

第二章 垄断协议

第十三条 禁止具有竞争关系的经营者达成下列垄断协议：

（一）固定或者变更商品价格；

（二）限制商品的生产数量或者销售数量；

（三）分割销售市场或者原材料采购市场；

（四）限制购买新技术、新设备或者限制开发新技术、新产品；

（五）联合抵制交易；

（六）国务院反垄断执法机构认定的其他垄断协议。

本法所称垄断协议，是指排除、限制竞争的协议、决定或者其他协同行为。

第十四条 禁止经营者与交易相对人达成下列垄断协议：

（一）固定向第三人转售商品的价格；

（二）限定向第三人转售商品的最低价格；

（三）国务院反垄断执法机构认定的其他垄断协议。

第十五条 经营者能够证明所达成的协议属于下列情形之一的，不适用本法第十三条、第十四条的规定：

（一）为改进技术、研究开发新产品的；

（二）为提高产品质量、降低成本、增进效率，统一产品规格、标准或者实行专业化分工的；

（三）为提高中小经营者经营效率，增强中小经营者竞争力的；

（四）为实现节约能源、保护环境、救灾救助等社会公共利益的；

（五）因经济不景气，为缓解销售量严重下降或者生产明显过剩的；

（六）为保障对外贸易和对外经济合作中的正当利益的；

（七）法律和国务院规定的其他情形。

属于前款第一项至第五项情形，不适用本法第十三条、第十四条规定的，经营者还应当证明所达成的协议不会严重限制相关市场的竞争，并且能够使消费者分享由此产生的利益。

第十六条 行业协会不得组织本行业的经营者从事本章禁止的垄断行为。

第三章　滥用市场支配地位

第十七条　禁止具有市场支配地位的经营者从事下列滥用市场支配地位的行为：

（一）以不公平的高价销售商品或者以不公平的低价购买商品；

（二）没有正当理由，以低于成本的价格销售商品；

（三）没有正当理由，拒绝与交易相对人进行交易；

（四）没有正当理由，限定交易相对人只能与其进行交易或者只能与其指定的经营者进行交易；

（五）没有正当理由搭售商品，或者在交易时附加其他不合理的交易条件；

（六）没有正当理由，对条件相同的交易相对人在交易价格等交易条件上实行差别待遇；

（七）国务院反垄断执法机构认定的其他滥用市场支配地位的行为。

本法所称市场支配地位，是指经营者在相关市场内具有能够控制商品价格、数量或者其他交易条件，或者能够阻碍、影响其他经营者进入相关市场能力的市场地位。

第十八条　认定经营者具有市场支配地位，应当依据下列因素：

（一）该经营者在相关市场的市场份额，以及相关市场的竞争状况；

（二）该经营者控制销售市场或者原材料采购市场的能力；

（三）该经营者的财力和技术条件；

（四）其他经营者对该经营者在交易上的依赖程度；

（五）其他经营者进入相关市场的难易程度；

（六）与认定该经营者市场支配地位有关的其他因素。

第十九条 有下列情形之一的，可以推定经营者具有市场支配地位：

（一）一个经营者在相关市场的市场份额达到二分之一的；

（二）两个经营者在相关市场的市场份额合计达到三分之二的；

（三）三个经营者在相关市场的市场份额合计达到四分之三的。

有前款第二项、第三项规定的情形，其中有的经营者市场份额不足十分之一的，不应当推定该经营者具有市场支配地位。

被推定具有市场支配地位的经营者，有证据证明不具有市场支配地位的，不应当认定其具有市场支配地位。

第四章 经营者集中

第二十条 经营者集中是指下列情形：

（一）经营者合并；

（二）经营者通过取得股权或者资产的方式取得对其他经营者的控制权；

（三）经营者通过合同等方式取得对其他经营者的控制权或者能够对其他经营者施加决定性影响。

第二十一条 经营者集中达到国务院规定的申报标准的，经营者应当事先向国务院反垄断执法机构申报，未申报的不得实施集中。

第二十二条 经营者集中有下列情形之一的,可以不向国务院反垄断执法机构申报:

(一)参与集中的一个经营者拥有其他每个经营者百分之五十以上有表决权的股份或者资产的;

(二)参与集中的每个经营者百分之五十以上有表决权的股份或者资产被同一个未参与集中的经营者拥有的。

第二十三条 经营者向国务院反垄断执法机构申报集中,应当提交下列文件、资料:

(一)申报书;

(二)集中对相关市场竞争状况影响的说明;

(三)集中协议;

(四)参与集中的经营者经会计师事务所审计的上一会计年度财务会计报告;

(五)国务院反垄断执法机构规定的其他文件、资料。

申报书应当载明参与集中的经营者的名称、住所、经营范围、预定实施集中的日期和国务院反垄断执法机构规定的其他事项。

第二十四条 经营者提交的文件、资料不完备的,应当在国务院反垄断执法机构规定的期限内补交文件、资料。经营者逾期未补交文件、资料的,视为未申报。

第二十五条 国务院反垄断执法机构应当自收到经营者提交的符合本法第二十三条规定的文件、资料之日起三十日内,对申报的经营者集中进行初步审查,作出是否实施进一步审查的决定,并书面通知经营者。国务院反垄断执法机构作出决定前,经营者不得实施集中。

国务院反垄断执法机构作出不实施进一步审查的决定或者

逾期未作出决定的,经营者可以实施集中。

第二十六条 国务院反垄断执法机构决定实施进一步审查的,应当自决定之日起九十日内审查完毕,作出是否禁止经营者集中的决定,并书面通知经营者。作出禁止经营者集中的决定,应当说明理由。审查期间,经营者不得实施集中。

有下列情形之一的,国务院反垄断执法机构经书面通知经营者,可以延长前款规定的审查期限,但最长不得超过六十日:

(一)经营者同意延长审查期限的;

(二)经营者提交的文件、资料不准确,需要进一步核实的;

(三)经营者申报后有关情况发生重大变化的。

国务院反垄断执法机构逾期未作出决定的,经营者可以实施集中。

第二十七条 审查经营者集中,应当考虑下列因素:

(一)参与集中的经营者在相关市场的市场份额及其对市场的控制力;

(二)相关市场的市场集中度;

(三)经营者集中对市场进入、技术进步的影响;

(四)经营者集中对消费者和其他有关经营者的影响;

(五)经营者集中对国民经济发展的影响;

(六)国务院反垄断执法机构认为应当考虑的影响市场竞争的其他因素。

第二十八条 经营者集中具有或者可能具有排除、限制竞争效果的,国务院反垄断执法机构应当作出禁止经营者集中的决定。但是,经营者能够证明该集中对竞争产生的有利影响明显大于不利影响,或者符合社会公共利益的,国务院反垄断执法机构可以作出对经营者集中不予禁止的决定。

第二十九条　对不予禁止的经营者集中，国务院反垄断执法机构可以决定附加减少集中对竞争产生不利影响的限制性条件。

第三十条　国务院反垄断执法机构应当将禁止经营者集中的决定或者对经营者集中附加限制性条件的决定，及时向社会公布。

第三十一条　对外资并购境内企业或者以其他方式参与经营者集中，涉及国家安全的，除依照本法规定进行经营者集中审查外，还应当按照国家有关规定进行国家安全审查。

第五章　滥用行政权力排除、限制竞争

第三十二条　行政机关和法律、法规授权的具有管理公共事务职能的组织不得滥用行政权力，限定或者变相限定单位或者个人经营、购买、使用其指定的经营者提供的商品。

第三十三条　行政机关和法律、法规授权的具有管理公共事务职能的组织不得滥用行政权力，实施下列行为，妨碍商品在地区之间的自由流通：

（一）对外地商品设定歧视性收费项目、实行歧视性收费标准，或者规定歧视性价格；

（二）对外地商品规定与本地同类商品不同的技术要求、检验标准，或者对外地商品采取重复检验、重复认证等歧视性技术措施，限制外地商品进入本地市场；

（三）采取专门针对外地商品的行政许可，限制外地商品进

入本地市场；

（四）设置关卡或者采取其他手段，阻碍外地商品进入或者本地商品运出；

（五）妨碍商品在地区之间自由流通的其他行为。

第三十四条 行政机关和法律、法规授权的具有管理公共事务职能的组织不得滥用行政权力，以设定歧视性资质要求、评审标准或者不依法发布信息等方式，排斥或者限制外地经营者参加本地的招标投标活动。

第三十五条 行政机关和法律、法规授权的具有管理公共事务职能的组织不得滥用行政权力，采取与本地经营者不平等待遇等方式，排斥或者限制外地经营者在本地投资或者设立分支机构。

第三十六条 行政机关和法律、法规授权的具有管理公共事务职能的组织不得滥用行政权力，强制经营者从事本法规定的垄断行为。

第三十七条 行政机关不得滥用行政权力，制定含有排除、限制竞争内容的规定。

第六章　对涉嫌垄断行为的调查

第三十八条 反垄断执法机构依法对涉嫌垄断行为进行调查。

对涉嫌垄断行为，任何单位和个人有权向反垄断执法机构举报。反垄断执法机构应当为举报人保密。

举报采用书面形式并提供相关事实和证据的，反垄断执法机构应当进行必要的调查。

第三十九条 反垄断执法机构调查涉嫌垄断行为,可以采取下列措施:

(一)进入被调查的经营者的营业场所或者其他有关场所进行检查;

(二)询问被调查的经营者、利害关系人或者其他有关单位或者个人,要求其说明有关情况;

(三)查阅、复制被调查的经营者、利害关系人或者其他有关单位或者个人的有关单证、协议、会计账簿、业务函电、电子数据等文件、资料;

(四)查封、扣押相关证据;

(五)查询经营者的银行账户。

采取前款规定的措施,应当向反垄断执法机构主要负责人书面报告,并经批准。

第四十条 反垄断执法机构调查涉嫌垄断行为,执法人员不得少于二人,并应当出示执法证件。

执法人员进行询问和调查,应当制作笔录,并由被询问人或者被调查人签字。

第四十一条 反垄断执法机构及其工作人员对执法过程中知悉的商业秘密负有保密义务。

第四十二条 被调查的经营者、利害关系人或者其他有关单位或者个人应当配合反垄断执法机构依法履行职责,不得拒绝、阻碍反垄断执法机构的调查。

第四十三条 被调查的经营者、利害关系人有权陈述意见。反垄断执法机构应当对被调查的经营者、利害关系人提出的事实、理由和证据进行核实。

第四十四条 反垄断执法机构对涉嫌垄断行为调查核实后,

认为构成垄断行为的,应当依法作出处理决定,并可以向社会公布。

第四十五条 对反垄断执法机构调查的涉嫌垄断行为,被调查的经营者承诺在反垄断执法机构认可的期限内采取具体措施消除该行为后果的,反垄断执法机构可以决定中止调查。中止调查的决定应当载明被调查的经营者承诺的具体内容。

反垄断执法机构决定中止调查的,应当对经营者履行承诺的情况进行监督。经营者履行承诺的,反垄断执法机构可以决定终止调查。

有下列情形之一的,反垄断执法机构应当恢复调查:

(一) 经营者未履行承诺的;

(二) 作出中止调查决定所依据的事实发生重大变化的;

(三) 中止调查的决定是基于经营者提供的不完整或者不真实的信息作出的。

第七章 法律责任

第四十六条 经营者违反本法规定,达成并实施垄断协议的,由反垄断执法机构责令停止违法行为,没收违法所得,并处上一年度销售额百分之一以上百分之十以下的罚款;尚未实施所达成的垄断协议的,可以处五十万元以下的罚款。

经营者主动向反垄断执法机构报告达成垄断协议的有关情况并提供重要证据的,反垄断执法机构可以酌情减轻或者免除对该经营者的处罚。

行业协会违反本法规定,组织本行业的经营者达成垄断协议的,反垄断执法机构可以处五十万元以下的罚款;情节严重的，社会团体登记管理机关可以依法撤销登记。

第四十七条 经营者违反本法规定，滥用市场支配地位的，由反垄断执法机构责令停止违法行为，没收违法所得，并处上一年度销售额百分之一以上百分之十以下的罚款。

第四十八条 经营者违反本法规定实施集中的，由国务院反垄断执法机构责令停止实施集中、限期处分股份或者资产、限期转让营业以及采取其他必要措施恢复到集中前的状态，可以处五十万元以下的罚款。

第四十九条 对本法第四十六条、第四十七条、第四十八条规定的罚款，反垄断执法机构确定具体罚款数额时，应当考虑违法行为的性质、程度和持续的时间等因素。

第五十条 经营者实施垄断行为，给他人造成损失的，依法承担民事责任。

第五十一条 行政机关和法律、法规授权的具有管理公共事务职能的组织滥用行政权力，实施排除、限制竞争行为的，由上级机关责令改正；对直接负责的主管人员和其他直接责任人员依法给予处分。反垄断执法机构可以向有关上级机关提出依法处理的建议。

法律、行政法规对行政机关和法律、法规授权的具有管理公共事务职能的组织滥用行政权力实施排除、限制竞争行为的处理另有规定的，依照其规定。

第五十二条 对反垄断执法机构依法实施的审查和调查，拒绝提供有关材料、信息，或者提供虚假材料、信息，或者隐匿、销毁、转移证据，或者有其他拒绝、阻碍调查行为的，由反垄断执法机构责令改正，对个人可以处二万元以下的罚款，对单位可以处二十万元以下的罚款；情节严重的，对个人处二万元以上十万元以下的罚款，对单位处二十万元以上一百万元以下的罚款；构成犯罪的，依法追究刑事责任。

第五十三条 对反垄断执法机构依据本法第二十八条、第二十九条 作出的决定不服的，可以先依法申请行政复议；对行政复议决定不服的，可以依法提起行政诉讼。

对反垄断执法机构作出的前款规定以外的决定不服的，可以依法申请行政复议或者提起行政诉讼。

第五十四条 反垄断执法机构工作人员滥用职权、玩忽职守、徇私舞弊或者泄露执法过程中知悉的商业秘密，构成犯罪的，依法追究刑事责任；尚不构成犯罪的，依法给予处分。

第八章 附 则

第五十五条 经营者依照有关知识产权的法律、行政法规规定行使知识产权的行为，不适用本法；但是，经营者滥用知识产权，排除、限制竞争的行为，适用本法。

第五十六条 农业生产者及农村经济组织在农产品生产、加工、销售、运输、储存等经营活动中实施的联合或者协同行为，不适用本法。

第五十七条 本法自2008年8月1日起施行。

附 录

反价格垄断规定

中华人民共和国国家发展和改革委员会令

第 7 号

根据《中华人民共和国反垄断法》，特制定《反价格垄断规定》，经国家发展和改革委员会主任办公会议讨论通过，现予公布，自 2011 年 2 月 1 日起施行。

国家发展和改革委员会主任
二〇一〇年十二月二十九日

第一条 为了预防和制止价格垄断行为，保护市场公平竞争，维护消费者利益和社会公共利益，根据《中华人民共和国反垄断法》（以下简称反垄断法），制定本规定。

第二条 中华人民共和国境内经济活动中的价格垄断行为，适用本规定；中华人民共和国境外的价格垄断行为，对境内市场竞争产生排除、限制影响的，适用本规定。

第三条 本规定所称价格垄断行为包括：（一）经营者达成价格垄断协议；（二）具有市场支配地位的经营者使用价格手

段、排除、限制竞争。行政机关和法律、法规授权的具有管理公共事务职能的组织滥用行政权力，在价格方面排除、限制竞争的行为，适用本规定。

第四条 国有经济占控制地位的关系国民经济命脉和国家安全的行业以及依法实行专营专卖的行业，国家对其经营者的合法经营活动予以保护，并对经营者的经营行为及其商品和服务的价格依法实施监管和调控，维护消费者利益，促进技术进步。

前款规定行业的经营者应当依法经营，诚实守信，严格自律，接受社会公众的监督，不得利用其控制地位或者专营专卖地位损害消费者利益。

第五条 本规定所称价格垄断协议，是指在价格方面排除、限制竞争的协议、决定或者其他协同行为。

第六条 认定其他协同行为，应当依据下列因素：

（一）经营者的价格行为具有一致性；

（二）经营者进行过意思联络；认定协同行为还应考虑市场结构和市场变化等情况。

第七条 禁止具有竞争关系的经营者达成下列价格垄断协议：

（一）固定或者变更商品和服务（以下统称商品）的价格水平；

（二）固定或者变更价格变动幅度；

（三）固定或者变更对价格有影响的手续费、折扣或者其他费用；

（四）使用约定的价格作为与第三方交易的基础；

（五）约定采用据以计算价格的标准公式；

（六）约定未经参加协议的其他经营者同意不得变更价格；

（七）通过其他方式变相固定或者变更价格；

（八）国务院价格主管部门认定的其他价格垄断协议。

第八条　禁止经营者与交易相对人达成下列价格垄断协议：

（一）固定向第三人转售商品的价格；

（二）限定向第三人转售商品的最低价格；

（三）国务院价格主管部门认定的其他价格垄断协议。

第九条　禁止行业协会从事下列行为：

（一）制定排除、限制价格竞争的规则、决定、通知等；

（二）组织经营者达成本规定所禁止的价格垄断协议；

（三）组织经营者达成或者实施价格垄断协议的其他行为。

第十条　经营者能够证明所达成的协议符合反垄断法第十五条规定的，不适用本规定第七条、第八条的规定。

第十一条　具有市场支配地位的经营者不得以不公平的高价销售商品或者以不公平的低价购买商品。认定"不公平的高价"和"不公平的低价"，应当考虑下列因素：

（一）销售价格或者购买价格是否明显高于或者低于其他经营者销售或者购买同种商品的价格；（二）在成本基本稳定的情况下，是否超过正常幅度提高销售价格或者降低购买价格；

（三）销售商品的提价幅度是否明显高于成本增长幅度，或者购买商品的降价幅度是否明显高于交易相对人成本降低幅度；

（四）需要考虑的其他相关因素。

第十二条　具有市场支配地位的经营者没有正当理由，不得以低于成本的价格销售商品。本条所称"正当理由"包括：

（一）降价处理鲜活商品、季节性商品、有效期限即将到期的商品和积压商品的；

（二）因清偿债务、转产、歇业降价销售商品的；

（三）为推广新产品进行促销的；

（四）能够证明行为具有正当性的其他理由。

第十三条 具有市场支配地位的经营者没有正当理由，不得通过设定过高的销售价格或者过低的购买价格，变相拒绝与交易相对人进行交易。条所称"正当理由"包括：

（一）交易相对人有严重的不良信用记录，或者出现经营状况持续恶化等情况，可能会给交易安全造成较大风险的；

（二）交易相对人能够以合理的价格向其他经营者购买同种商品、替代商品，或者能够以合理的价格向其他经营者出售商品的；

（三）能够证明行为具有正当性的其他理由。

第十四条 具有市场支配地位的经营者没有正当理由，不得通过价格折扣等手段限定交易相对人只能与其进行交易或者只能与其指定的经营者进行交易。本条所称"正当理由"包括：

（一）为了保证产品质量和安全的；

（二）为了维护品牌形象或者提高服务水平的；

（三）能够显著降低成本、提高效率，并且能够使消费者分享由此产生的利益的；

（四）能够证明行为具有正当性的其他理由。

第十五条 具有市场支配地位的经营者不得在交易时在价格之外附加不合理的费用。

第十六条 具有市场支配地位的经营者没有正当理由，不得对条件相同的交易相对人在交易价格上实行差别待遇。

第十七条 本规定所称市场支配地位，是指经营者在相关市场内具有能够控制商品价格、数量或者其他交易条件，或者能够阻碍、影响其他经营者进入相关市场能力的市场地位。其他交易条件，是指除商品价格、数量之外能够对市场交易产生实质影响的其他因素，包括商品等级、付款条件、交付方式、售后服务、交易选择权和技术约束条件等。阻碍、影响其他经营者进入相关市场，是指排除、延缓其他经营者进入相关市场，或者导致其他经营者虽能够进入该相关市场但进入成本大幅度提高，无法与现有经营者开展有效竞争等。

第十八条 认定经营者具有市场支配地位，应当在界定相关市场的基础上，依据下列因素：

（一）该经营者在相关市场的市场份额，以及相关市场的竞争状况；

（二）该经营者控制销售市场或者原材料采购市场的能力；

（三）该经营者的财力和技术条件；

（四）其他经营者对该经营者在交易上的依赖程度；

（五）其他经营者进入相关市场的难易程度；

（六）与认定该经营者市场支配地位有关的其他因素。

第十九条 有下列情形之一的，可以推定经营者具有市场支配地位：

（一）一个经营者在相关市场的市场份额达到二分之一的；

（二）两个经营者在相关市场的市场份额合计达到三分之二的；

有前款第二项、第三项规定的情形，其中有的经营者市场份额不足十分之一的，不应当推定该经营者具有市场支配地位。被推定具有市场支配地位的经营者，有证据证明不具有市场支配地位的，不应当认定其具有市场支配地位。

第二十条 行政机关和法律、法规授权的具有管理公共事务职能的组织不得滥用行政权力，实施下列行为，妨碍商品的自由流通：

（一）对外地商品设定歧视性收费项目；

（二）对外地商品实行歧视性收费标准；

（三）对外地商品规定歧视性价格；

（四）妨碍商品自由流通的其他规定价格或者收费的行为。

第二十一条 行政机关和法律、法规授权的具有管理公共事务职能的组织不得滥用行政权力，强制经营者从事本规定禁止的各类价格垄断行为。

第二十二条 行政机关不得滥用行政权力，制定含有排除、限制价格竞争内容的规定。

第二十三条 经营者有本规定所列价格垄断行为的，由国务院价格主管部门和经授权的省、自治区、直辖市人民政府价格主管部门依据反垄断法第四十六条、第四十七条和第四十九条的规定予以处罚。行业协会违反本规定，组织本行业的经营者达成价格垄断协议的，依照反垄断法第四十六条和第四十九条的规定予以处罚。

第二十四条 行政机关和法律、法规授权的具有管理公共事务职能的组织有本规定所列滥用行政权力，实施排除、限制竞争行为的，依照反垄断法第五十一条的规定处理。

第二十五条 对政府价格主管部门依法实施的调查，拒绝提供有关材料、信息，或者提供虚假材料、信息，或者隐匿、销毁、转移证据，或者有其他拒绝、阻碍调查行为的，依照反垄断法第五十二条的规定予以处罚。

第二十六条 经营者依照有关知识产权的法律、行政法规规定行使知识产权的行为，不适用本规定；但是，经营者滥用知识产权，排除、限制竞争的价格垄断行为，适用本规定。

第二十七条 农业生产者及农村经济组织在农产品生产、加工、销售、运输、储存等经营活动中实施的联合或者协同行为，不适用本规定。

第二十八条 本规定由国家发展和改革委员会负责解释。

第二十九条 本规定自 2011 年 2 月 1 日起施行。2003 年 6 月 18 日国家发展和改革委员会发布的《制止价格垄断行为暂行规定》同时废止。

全国普法学习读本

★★★★★

商业产品法律法规学习读本
产品质量法律法规

曾 朝 主编

> 加大全民普法力度,建设社会主义法治文化,树立宪法法律至上、法律面前人人平等的法治理念。
> ——中国共产党第十九次全国代表大会《决胜全面建成小康社会 夺取新时代中国特色社会主义伟大胜利》

汕头大学出版社

图书在版编目（CIP）数据

产品质量法律法规 / 曾朝主编 . -- 汕头：汕头大学出版社，2023.4（重印）

（商业产品法律法规学习读本）

ISBN 978-7-5658-3317-5

Ⅰ. ①产… Ⅱ. ①曾… Ⅲ. ①产品质量法–中国–学习参考资料 Ⅳ. ①D922.292.4

中国版本图书馆 CIP 数据核字（2018）第 000683 号

产品质量法律法规　　CHANPIN ZHILIANG FALÜ FAGUI

主　　编：曾　朝
责任编辑：汪艳蕾
责任技编：黄东生
封面设计：大华文苑
出版发行：汕头大学出版社
　　　　　广东省汕头市大学路 243 号汕头大学校园内　邮政编码：515063
电　　话：0754-82904613
印　　刷：三河市元兴印务有限公司
开　　本：690mm×960mm 1/16
印　　张：18
字　　数：226 千字
版　　次：2018 年 1 月第 1 版
印　　次：2023 年 4 月第 2 次印刷
定　　价：59.60 元（全 2 册）
ISBN 978-7-5658-3317-5

版权所有，翻版必究
如发现印装质量问题，请与承印厂联系退换

前　言

习近平总书记指出："推进全民守法，必须着力增强全民法治观念。要坚持把全民普法和守法作为依法治国的长期基础性工作，采取有力措施加强法制宣传教育。要坚持法治教育从娃娃抓起，把法治教育纳入国民教育体系和精神文明创建内容，由易到难、循序渐进不断增强青少年的规则意识。要健全公民和组织守法信用记录，完善守法诚信褒奖机制和违法失信行为惩戒机制，形成守法光荣、违法可耻的社会氛围，使遵法守法成为全体人民共同追求和自觉行动。"

中共中央、国务院曾经转发了中央宣传部、司法部关于在公民中开展法治宣传教育的规划，并发出通知，要求各地区各部门结合实际认真贯彻执行。通知指出，全民普法和守法是依法治国的长期基础性工作。深入开展法治宣传教育，是全面建成小康社会和新农村的重要保障。

普法规划指出：各地区各部门要根据实际需要，从不同群体的特点出发，因地制宜开展有特色的法治宣传教育坚持集中法治宣传教育与经常性法治宣传教育相结合，深化法律进机关、进乡村、进社区、进学校、进企业、进单位的"法律六进"主题活动，完善工作标准，建立长效机制。

特别是农业、农村和农民问题，始终是关系党和人民事业发展的全局性和根本性问题。党中央、国务院发布的《关于推进社会主义新农村建设的若干意见》中明确提出要"加强农村法制建设，深入开展农村普法教育，增强农民的法制观念，提高农民依法行使权利和履行义务的自觉性。"多年普法实践证明，普及法律知识，提高法制观念,增强全社会依法办事意识具有重要作用。特别是在广大农村进行普法教育,是提高全民法律素质的需要。

多年来,我国在农村实行的改革开放取得了极大成功,农村发生了翻天覆地的变化,广大农民生活水平大大得到了提高。但是,由于历史和社会等原因,现阶段我国一些地区农民文化素质还不高,不学法、不懂法、不守法现象虽然较原来有所改变,但仍有相当一部分群众的法制观念仍很淡化,不懂、不愿借助法律来保护自身权益,这就极易受到不法的侵害,或极易进行违法犯罪活动,严重阻碍了全面建成小康社会和新农村步伐。

为此,根据党和政府的指示精神以及普法规划,特别是根据广大农村农民的现状,在有关部门和专家的指导下,特别编辑了这套《全国普法学习读本》。主要包括了广大人民群众应知应懂、实际实用的法律法规。为了辅导学习,附录还收入了相应法律法规的条例准则、实施细则、解读解答、案例分析等;同时为了突出法律法规的实际实用特点,兼顾地方性和特殊性,附录还收入了部分某些地方性法律法规以及非法律法规的政策文件、管理制度、应用表格等内容,拓展了本书的知识范围,使法律法规更"接地气",便于读者学习掌握和实际应用。

在众多法律法规中,我们通过甄别,淘汰了废止的,精选了最新的、权威的和全面的。但有部分法律法规有些条款不适应当下情况了,却没有颁布新的,我们又不能擅自改动,只得保留原有条款,但附录却有相应的补充修改意见或通知等。众多法律法规根据不同内容和受众特点,经过归类组合,优化配套。整套普法读本非常全面系统,具有很强的学习性、实用性和指导性,非常适合用于广大农村和城乡普法学习教育与实践指导。总之,是全国全民普法的良好读本。

目　　录

中华人民共和国产品质量法

第一章　总　则 ···（2）
第二章　产品质量的监督 ·······························（4）
第三章　生产者、销售者的产品质量责任和义务 ········（7）
第四章　损害赔偿 ···（10）
第五章　罚　则 ···（12）
第六章　附　则 ···（17）

附　录

工业和信息化部关于加强工业产品质量
　信誉建设的通知 ···（18）
工业和信息化部关于加强工业产品质量信誉建设的
　指导意见 ···（26）
工业和信息化部关于推进重点工业产品质量达标的
　实施意见 ···（33）
工业和信息化部关于加强汽车产品质量建设促进
　汽车产业健康发展的指导意见 ··················（40）
国家质量监督检验检疫总局、工业和信息化部关于加强
　建筑防水行业质量建设促进建筑防水卷材产品质量
　提升的指导意见 ···（45）

水利部、质检总局、全国节水办关于加强节水产品质量
　　提升与推广普及工作的指导意见……………………（53）
国家食品药品监督管理局关于加强胶囊剂药品及
　　相关产品质量管理工作的通知………………………（61）

中华人民共和国标准化法

第一章　总　　则……………………………………………（65）
第二章　标准的制定…………………………………………（66）
第三章　标准的实施…………………………………………（69）
第四章　监督管理……………………………………………（70）
第五章　法律责任……………………………………………（71）
第六章　附　　则……………………………………………（73）

产品质量监督抽查管理办法

第一章　总　　则……………………………………………（74）
第二章　监督抽查的组织……………………………………（76）
第三章　监督抽查的实施……………………………………（77）
第四章　法律责任……………………………………………（85）
第五章　附　　则……………………………………………（88）

工业企业产品质量分类监管试行办法

第一章　总　　则……………………………………………（91）
第二章　企业分类……………………………………………（92）
第三章　分类监管方式………………………………………（94）

第四章　附　则 …………………………………… (97)

产品质量检验机构工作质量分类监管办法

第一章　总　则 …………………………………… (98)
第二章　分类评价内容 ……………………………… (99)
第三章　分类评价程序 …………………………… (101)
第四章　评价结果的使用 ………………………… (102)
第五章　附　则 …………………………………… (102)
附　录
　农业部产品质量监督检验测试机构管理办法 ……… (103)
　国家林业局产品质量检验检测机构管理办法 ……… (113)

工业产品质量控制和技术评价实验室管理办法

第一章　总　则 …………………………………… (117)
第二章　实验室基本条件、工作内容及义务 ………… (118)
第三章　工作程序 ………………………………… (119)
第四章　实验室的管理 …………………………… (120)
第五章　附　则 …………………………………… (122)
附　录
　工业产品质量控制和技术评价实验室
　　核定细则（暂行）………………………………… (123)

铁路产品质量监督抽查管理办法

第一章　总　则 …………………………………… (128)

— 3 —

第二章　机构和职责 …………………………………（129）
第三章　计划与实施细则 ……………………………（130）
第四章　抽　样 ………………………………………（131）
第五章　检　验 ………………………………………（132）
第六章　监督抽查结果的处理 ………………………（134）
第七章　监督管理 ……………………………………（135）
第八章　附　则 ………………………………………（136）

中华人民共和国产品质量法

中华人民共和国主席令

第十八号

《全国人民代表大会常务委员会关于修改部分法律的决定》已由中华人民共和国第十一届全国人民代表大会常务委员会第十次会议于2009年8月27日通过，现予公布，自公布之日起施行。

中华人民共和国主席　胡锦涛

2009年8月27日

（1993年2月22日第七届全国人民代表大会常务委员会第三十次会议通过；根据2000年7月8日第九届全国人民代表大会常务委员会第十六次会议《关于修改〈中华人民共和国产品质量法〉的决定》第一次修正；根据2009年8月27日第十一届全国人

民代表大会常务委员会第十次会议《关于修改部分法律的决定》第二次修正)

第一章 总 则

第一条 为了加强对产品质量的监督管理，提高产品质量水平，明确产品质量责任，保护消费者的合法权益，维护社会经济秩序，制定本法。

第二条 在中华人民共和国境内从事产品生产、销售活动，必须遵守本法。

本法所称产品是指经过加工、制作，用于销售的产品。

建设工程不适用本法规定；但是，建设工程使用的建筑材料、建筑构配件和设备，属于前款规定的产品范围的，适用本法规定。

第三条 生产者、销售者应当建立健全内部产品质量管理制度，严格实施岗位质量规范、质量责任以及相应的考核办法。

第四条 生产者、销售者依照本法规定承担产品质量责任。

第五条 禁止伪造或者冒用认证标志等质量标志；禁止伪造产品的产地，伪造或者冒用他人的厂名、厂址；禁止在生产、销售的产品中掺杂、掺假，以假充真，以次充好。

第六条 国家鼓励推行科学的质量管理方法，采用先进的科学技术，鼓励企业产品质量达到并且超过行业标准、国家标准和国际标准。

对产品质量管理先进和产品质量达到国际先进水平、成绩显著的单位和个人，给予奖励。

第七条　各级人民政府应当把提高产品质量纳入国民经济和社会发展规划，加强对产品质量工作的统筹规划和组织领导，引导、督促生产者、销售者加强产品质量管理，提高产品质量，组织各有关部门依法采取措施，制止产品生产、销售中违反本法规定的行为，保障本法的施行。

第八条　国务院产品质量监督部门主管全国产品质量监督工作。国务院有关部门在各自的职责范围内负责产品质量监督工作。

县级以上地方产品质量监督部门主管本行政区域内的产品质量监督工作。县级以上地方人民政府有关部门在各自的职责范围内负责产品质量监督工作。

法律对产品质量的监督部门另有规定的，依照有关法律的规定执行。

第九条　各级人民政府工作人员和其他国家机关工作人员不得滥用职权、玩忽职守或者徇私舞弊，包庇、放纵本地区、本系统发生的产品生产、销售中违反本法规定的行为，或者阻挠、干预依法对产品生产、销售中违反本法规定的行为进行查处。

各级地方人民政府和其他国家机关有包庇、放纵产品生产、销售中违反本法规定的行为的，依法追究其主要负责人的法律责任。

第十条　任何单位和个人有权对违反本法规定的行为，向产品质量监督部门或者其他有关部门检举。

产品质量监督部门和有关部门应当为检举人保密，并按照省、自治区、直辖市人民政府的规定给予奖励。

第十一条　任何单位和个人不得排斥非本地区或者非本系统企业生产的质量合格产品进入本地区、本系统。

第二章　产品质量的监督

第十二条　产品质量应当检验合格，不得以不合格产品冒充合格产品。

第十三条　可能危及人体健康和人身、财产安全的工业产品，必须符合保障人体健康和人身、财产安全的国家标准、行业标准；未制定国家标准、行业标准的，必须符合保障人体健康和人身、财产安全的要求。

禁止生产、销售不符合保障人体健康和人身、财产安全的标准和要求的工业产品。具体管理办法由国务院规定。

第十四条　国家根据国际通用的质量管理标准，推行企业质量体系认证制度。企业根据自愿原则可以向国务院产品质量监督部门认可的或者国务院产品质量监督部门授权的部门认可的认证机构申请企业质量体系认证。经认证合格的，由认证机构颁发企业质量体系认证证书。

国家参照国际先进的产品标准和技术要求，推行产品质量认证制度。企业根据自愿原则可以向国务院产品质量监督部门认可的或者国务院产品质量监督部门授权的部门认可的认证机构申请产品质量认证。经认证合格的，由认证机构颁发产品质量认证证书，准许企业在产品或者其包装上使用产品质量认证标志。

第十五条 国家对产品质量实行以抽查为主要方式的监督检查制度，对可能危及人体健康和人身、财产安全的产品，影响国计民生的重要工业产品以及消费者、有关组织反映有质量问题的产品进行抽查。抽查的样品应当在市场上或者企业成品仓库内的待销产品中随机抽取。监督抽查工作由国务院产品质量监督部门规划和组织。县级以上地方产品质量监督部门在本行政区域内也可以组织监督抽查。法律对产品质量的监督检查另有规定的，依照有关法律的规定执行。

国家监督抽查的产品，地方不得另行重复抽查；上级监督抽查的产品，下级不得另行重复抽查。

根据监督抽查的需要，可以对产品进行检验。检验抽取样品的数量不得超过检验的合理需要，并不得向被检查人收取检验费用。监督抽查所需检验费用按照国务院规定列支。

生产者、销售者对抽查检验的结果有异议的，可以自收到检验结果之日起十五日内向实施监督抽查的产品质量监督部门或者其上级产品质量监督部门申请复检，由受理复检的产品质量监督部门作出复检结论。

第十六条 对依法进行的产品质量监督检查，生产者、销售者不得拒绝。

第十七条 依照本法规定进行监督抽查的产品质量不合格的，由实施监督抽查的产品质量监督部门责令其生产者、销售者限期改正。逾期不改正的，由省级以上人民政府产品质量监督部门予以公告；公告后经复查仍不合格的，责令停业，限期整顿；整顿期满后经复查产品质量仍不合格的，吊销营业执照。

监督抽查的产品有严重质量问题的，依照本法第五章的有关规定处罚。

第十八条　县级以上产品质量监督部门根据已经取得的违法嫌疑证据或者举报，对涉嫌违反本法规定的行为进行查处时，可以行使下列职权：

（一）对当事人涉嫌从事违反本法的生产、销售活动的场所实施现场检查；

（二）向当事人的法定代表人、主要负责人和其他有关人员调查、了解与涉嫌从事违反本法的生产、销售活动有关的情况；

（三）查阅、复制当事人有关的合同、发票、帐簿以及其他有关资料；

（四）对有根据认为不符合保障人体健康和人身、财产安全的国家标准、行业标准的产品或者有其他严重质量问题的产品，以及直接用于生产、销售该项产品的原辅材料、包装物、生产工具，予以查封或者扣押。

县级以上工商行政管理部门按照国务院规定的职责范围，对涉嫌违反本法规定的行为进行查处时，可以行使前款规定的职权。

第十九条　产品质量检验机构必须具备相应的检测条件和能力，经省级以上人民政府产品质量监督部门或者其授权的部门考核合格后，方可承担产品质量检验工作。法律、行政法规对产品质量检验机构另有规定的，依照有关法律、行政法规的规定执行。

第二十条　从事产品质量检验、认证的社会中介机构必须依法设立，不得与行政机关和其他国家机关存在隶属关系或者其他利益关系。

第二十一条 产品质量检验机构、认证机构必须依法按照有关标准，客观、公正地出具检验结果或者认证证明。

产品质量认证机构应当依照国家规定对准许使用认证标志的产品进行认证后的跟踪检查；对不符合认证标准而使用认证标志的，要求其改正；情节严重的，取消其使用认证标志的资格。

第二十二条 消费者有权就产品质量问题，向产品的生产者、销售者查询；向产品质量监督部门、工商行政管理部门及有关部门申诉，接受申诉的部门应当负责处理。

第二十三条 保护消费者权益的社会组织可以就消费者反映的产品质量问题建议有关部门负责处理，支持消费者对因产品质量造成的损害向人民法院起诉。

第二十四条 国务院和省、自治区、直辖市人民政府的产品质量监督部门应当定期发布其监督抽查的产品的质量状况公告。

第二十五条 产品质量监督部门或者其他国家机关以及产品质量检验机构不得向社会推荐生产者的产品；不得以对产品进行监制、监销等方式参与产品经营活动。

第三章 生产者、销售者的产品质量责任和义务

第一节 生产者的产品质量责任和义务

第二十六条 生产者应当对其生产的产品质量负责。

产品质量应当符合下列要求：

（一）不存在危及人身、财产安全的不合理的危险，有保障人体健康和人身、财产安全的国家标准、行业标准的，应当符合该标准；

（二）具备产品应当具备的使用性能，但是，对产品存在使用性能的瑕疵作出说明的除外；

（三）符合在产品或者其包装上注明采用的产品标准，符合以产品说明、实物样品等方式表明的质量状况。

第二十七条　产品或者其包装上的标识必须真实，并符合下列要求：

（一）有产品质量检验合格证明；

（二）有中文标明的产品名称、生产厂厂名和厂址；

（三）根据产品的特点和使用要求，需要标明产品规格、等级、所含主要成份的名称和含量的，用中文相应予以标明；需要事先让消费者知晓的，应当在外包装上标明，或者预先向消费者提供有关资料；

（四）限期使用的产品，应当在显著位置清晰地标明生产日期和安全使用期或者失效日期；

（五）使用不当，容易造成产品本身损坏或者可能危及人身、财产安全的产品，应当有警示标志或者中文警示说明。

裸装的食品和其他根据产品的特点难以附加标识的裸装产品，可以不附加产品标识。

第二十八条　易碎、易燃、易爆、有毒、有腐蚀性、有放射性等危险物品以及储运中不能倒置和其他有特殊要求的产品,其包装质量必须符合相应要求,依照国家有关规定作出警示标志或者中文警示说明,标明储运注意事项。

第二十九条 生产者不得生产国家明令淘汰的产品。

第三十条 生产者不得伪造产地,不得伪造或者冒用他人的厂名、厂址。

第三十一条 生产者不得伪造或者冒用认证标志等质量标志。

第三十二条 生产者生产产品,不得掺杂、掺假,不得以假充真、以次充好,不得以不合格产品冒充合格产品。

第二节 销售者的产品质量责任和义务

第三十三条 销售者应当建立并执行进货检查验收制度,验明产品合格证明和其他标识。

第三十四条 销售者应当采取措施,保持销售产品的质量。

第三十五条 销售者不得销售国家明令淘汰并停止销售的产品和失效、变质的产品。

第三十六条 销售者销售的产品的标识应当符合本法第二十七条的规定。

第三十七条 销售者不得伪造产地,不得伪造或者冒用他人的厂名、厂址。

第三十八条 销售者不得伪造或者冒用认证标志等质量标志。

第三十九条 销售者销售产品,不得掺杂、掺假,不得以假充真、以次充好,不得以不合格产品冒充合格产品。

第四章 损害赔偿

第四十条 售出的产品有下列情形之一的,销售者应当负责修理、更换、退货;给购买产品的消费者造成损失的,销售者应当赔偿损失:

(一)不具备产品应当具备的使用性能而事先未作说明的;

(二)不符合在产品或者其包装上注明采用的产品标准的;

(三)不符合以产品说明、实物样品等方式表明的质量状况的。

销售者依照前款规定负责修理、更换、退货、赔偿损失后,属于生产者的责任或者属于向销售者提供产品的其他销售者(以下简称供货者)的责任的,销售者有权向生产者、供货者追偿。

销售者未按照第一款规定给予修理、更换、退货或者赔偿损失的,由产品质量监督部门或者工商行政管理部门责令改正。

生产者之间,销售者之间,生产者与销售者之间订立的买卖合同、承揽合同有不同约定的,合同当事人按照合同约定执行。

第四十一条 因产品存在缺陷造成人身、缺陷产品以外的其他财产(以下简称他人财产)损害的,生产者应当承担赔偿责任。

生产者能够证明有下列情形之一的,不承担赔偿责任:

（一）未将产品投入流通的；

（二）产品投入流通时，引起损害的缺陷尚不存在的；

（三）将产品投入流通时的科学技术水平尚不能发现缺陷的存在的。

第四十二条 由于销售者的过错使产品存在缺陷，造成人身、他人财产损害的，销售者应当承担赔偿责任。

销售者不能指明缺陷产品的生产者也不能指明缺陷产品的供货者的，销售者应当承担赔偿责任。

第四十三条 因产品存在缺陷造成人身、他人财产损害的，受害人可以向产品的生产者要求赔偿，也可以向产品的销售者要求赔偿。属于产品的生产者的责任，产品的销售者赔偿的，产品的销售者有权向产品的生产者追偿。属于产品的销售者的责任，产品的生产者赔偿的，产品的生产者有权向产品的销售者追偿。

第四十四条 因产品存在缺陷造成受害人人身伤害的，侵害人应当赔偿医疗费、治疗期间的护理费、因误工减少的收入等费用；造成残疾的，还应当支付残疾者生活自助具费、生活补助费、残疾赔偿金以及由其扶养的人所必需的生活费等费用；造成受害人死亡的，并应当支付丧葬费、死亡赔偿金以及由死者生前扶养的人所必需的生活费等费用。

因产品存在缺陷造成受害人财产损失的，侵害人应当恢复原状或者折价赔偿。受害人因此遭受其他重大损失的，侵害人应当赔偿损失。

第四十五条 因产品存在缺陷造成损害要求赔偿的诉讼时效期间为二年，自当事人知道或者应当知道其权益受到损

害时起计算

因产品存在缺陷造成损害要求赔偿的请求权，在造成损害的缺陷产品交付最初消费者满十年丧失；但是，尚未超过明示的安全使用期的除外。

第四十六条　本法所称缺陷，是指产品存在危及人身、他人财产安全的不合理的危险；产品有保障人体健康和人身、财产安全的国家标准、行业标准的，是指不符合该标准。

第四十七条　因产品质量发生民事纠纷时，当事人可以通过协商或者调解解决。当事人不愿通过协商、调解解决或者协商、调解不成的，可以根据当事人各方的协议向仲裁机构申请仲裁；当事人各方没有达成仲裁协议或者仲裁协议无效的，可以直接向人民法院起诉。

第四十八条　仲裁机构或者人民法院可以委托本法第十九条规定的产品质量检验机构，对有关产品质量进行检验。

第五章　罚　则

第四十九条　生产、销售不符合保障人体健康和人身、财产安全的国家标准、行业标准的产品的，责令停止生产、销售，没收违法生产、销售的产品，并处违法生产、销售产品（包括已售出和未售出的产品，下同）货值金额等值以上三倍以下的罚款；有违法所得的，并处没收违法所得；情节严重的，吊销营业执照；构成犯罪的，依法追究刑事责任。

第五十条　在产品中掺杂、掺假，以假充真，以次充好，或者以不合格产品冒充合格产品的，责令停止生产、销售，没收违法生产、销售的产品,并处违法生产、销售产品货值金额百分之五十以上三倍以下的罚款;有违法所得的,并处没收违法所得;情节严重的,吊销营业执照;构成犯罪的,依法追究刑事责任。

第五十一条 生产国家明令淘汰的产品的,销售国家明令淘汰并停止销售的产品的,责令停止生产、销售,没收违法生产、销售的产品,并处违法生产、销售产品货值金额等值以下的罚款;有违法所得的,并处没收违法所得;情节严重的,吊销营业执照。

第五十二条 销售失效、变质的产品的,责令停止销售,没收违法销售的产品,并处违法销售产品货值金额二倍以下的罚款;有违法所得的,并处没收违法所得;情节严重的,吊销营业执照;构成犯罪的,依法追究刑事责任。

第五十三条 伪造产品产地的,伪造或者冒用他人厂名、厂址的,伪造或者冒用认证标志等质量标志的,责令改正,没收违法生产、销售的产品,并处违法生产、销售产品货值金额等值以下的罚款;有违法所得的,并处没收违法所得;情节严重的,吊销营业执照。

第五十四条 产品标识不符合本法第二十七条规定的,责令改正;有包装的产品标识不符合本法第二十七条第(四)项、第(五)项规定,情节严重的,责令停止生产、销售,并处违法生产、销售产品货值金额百分之三十以下的罚款;有违法所得的,并处没收违法所得。

第五十五条 销售者销售本法第四十九条至第五十三条规定禁止销售的产品,有充分证据证明其不知道该产品为禁止销售的产品并如实说明其进货来源的，可以从轻或者减轻处罚。

第五十六条 拒绝接受依法进行的产品质量监督检查的，给予警告，责令改正；拒不改正的，责令停业整顿；情节特别严重的，吊销营业执照。

第五十七条 产品质量检验机构、认证机构伪造检验结果或者出具虚假证明的，责令改正，对单位处五万元以上十万元以下的罚款，对直接负责的主管人员和其他直接责任人员处一万元以上五万元以下的罚款；有违法所得的，并处没收违法所得；情节严重的，取消其检验资格、认证资格；构成犯罪的，依法追究刑事责任。

产品质量检验机构、认证机构出具的检验结果或者证明不实，造成损失的，应当承担相应的赔偿责任；造成重大损失的，撤销其检验资格、认证资格。

产品质量认证机构违反本法第二十一条第二款的规定，对不符合认证标准而使用认证标志的产品，未依法要求其改正或者取消其使用认证标志资格的，对因产品不符合认证标准给消费者造成的损失，与产品的生产者、销售者承担连带责任；情节严重的，撤销其认证资格。

第五十八条 社会团体、社会中介机构对产品质量作出承诺、保证，而该产品又不符合其承诺、保证的质量要求，给消费者造成损失的，与产品的生产者、销售者承担连带责任。

第五十九条 在广告中对产品质量作虚假宣传，欺骗和误导消费者的，依照《中华人民共和国广告法》的规定追究法律责任。

第六十条 对生产者专门用于生产本法第四十九条、第五十一条所列的产品或者以假充真的产品的原辅材料、包装物、生产工具，应当予以没收。

第六十一条 知道或者应当知道属于本法规定禁止生产、销售的产品而为其提供运输、保管、仓储等便利条件的，或者为以假充真的产品提供制假生产技术的，没收全部运输、保管、仓储或者提供制假生产技术的收入，并处违法收入百分之五十以上三倍以下的罚款；构成犯罪的，依法追究刑事责任。

第六十二条 服务业的经营者将本法第四十九条至第五十二条规定禁止销售的产品用于经营性服务的，责令停止使用；对知道或者应当知道所使用的产品属于本法规定禁止销售的产品的，按照违法使用的产品（包括已使用和尚未使用的产品）的货值金额，依照本法对销售者的处罚规定处罚。

第六十三条 隐匿、转移、变卖、损毁被产品质量监督部门或者工商行政管理部门查封、扣押的物品的，处被隐匿、转移、变卖、损毁物品货值金额等值以上三倍以下的罚款；有违法所得的，并处没收违法所得。

第六十四条 违反本法规定，应当承担民事赔偿责任和缴纳罚款、罚金，其财产不足以同时支付时，先承担民事赔偿责任。

第六十五条 各级人民政府工作人员和其他国家机关工作人员有下列情形之一的，依法给予行政处分；构成犯罪的，依法追究刑事责任：

（一）包庇、放纵产品生产、销售中违反本法规定行为的；

（二）向从事违反本法规定的生产、销售活动的当事人通风报信，帮助其逃避查处的；

（三）阻挠、干预产品质量监督部门或者工商行政管理部门依法对产品生产、销售中违反本法规定的行为进行查处，造成严重后果的。

第六十六条　产品质量监督部门在产品质量监督抽查中超过规定的数量索取样品或者向被检查人收取检验费用的，由上级产品质量监督部门或者监察机关责令退还；情节严重的，对直接负责的主管人员和其他直接责任人员依法给予行政处分。

第六十七条　产品质量监督部门或者其他国家机关违反本法第二十五条的规定，向社会推荐生产者的产品或者以监制、监销等方式参与产品经营活动的，由其上级机关或者监察机关责令改正，消除影响，有违法收入的予以没收；情节严重的，对直接负责的主管人员和其他直接责任人员依法给予行政处分。

产品质量检验机构有前款所列违法行为的，由产品质量监督部门责令改正，消除影响，有违法收入的予以没收，可以并处违法收入一倍以下的罚款；情节严重的，撤销其质量检验资格。

第六十八条　产品质量监督部门或者工商行政管理部门的工作人员滥用职权、玩忽职守、徇私舞弊，构成犯罪的，依法追究刑事责任；尚不构成犯罪的，依法给予行政处分。

第六十九条 以暴力、威胁方法阻碍产品质量监督部门或者工商行政管理部门的工作人员依法执行职务的，依法追究刑事责任；拒绝、阻碍未使用暴力、威胁方法的，由公安机关依照治安管理处罚法的规定处罚。

第七十条 本法规定的吊销营业执照的行政处罚由工商行政管理部门决定，本法第四十九条至第五十七条、第六十条至第六十三条规定的行政处罚由产品质量监督部门或者工商行政管理部门按照国务院规定的职权范围决定。法律、行政法规对行使行政处罚权的机关另有规定的，依照有关法律、行政法规的规定执行。

第七十一条 对依照本法规定没收的产品，依照国家有关规定进行销毁或者采取其他方式处理。

第七十二条 本法第四十九条至第五十四条、第六十二条、第六十三条所规定的货值金额以违法生产、销售产品的标价计算；没有标价的，按照同类产品的市场价格计算。

第六章 附 则

第七十三条 军工产品质量监督管理办法，由国务院、中央军事委员会另行制定。

因核设施、核产品造成损害的赔偿责任，法律、行政法规另有规定的，依照其规定。

第七十四条 本法自1993年9月1日起施行。

附 录

工业和信息化部关于加强工业产品质量信誉建设的通知

(2010年2月24日工业和信息化部印发)

各省、自治区、直辖市、新疆生产建设兵团及计划单列市工业和信息化主管部门，有关中央管理企业，有关行业协会：

当前，我国工业经济正处在巩固应对国际金融危机的成果，调结构、上水平，转变发展方式、提高工业经济发展质量和效益的关键时期。努力提高工业产品质量对于我们完成这一时期的任务和实现把我国建设成为工业强国的战略目标都具有重要的意义。

近来，在国内和国际贸易中出现了多起因产品质量问题而引起社会关注的典型事例，有正面的也有负面的。有的企业勇于承担质量责任，珍视质量信誉，妥善地解决了产品质量问题，挽回了不利影响；也有的企业违背质量诚信、漠视质量责任、无视质量信誉，损害消费者合法权益，给企业、行业乃至我国工业经济发展造成严重损失。

正反两个方面的事例都说明，加强质量信誉建设对于提高我国工业产品质量，提振消费信心，保护消费者权益，增强竞争力和提升我国工业产品质量形象具有重要的现实意义并将对我国工业经济的健康发展产生深远的影响。

各地区工业和信息化主管部门、行业协会和广大企业，要在全面落实好2010年各项质量工作的基础上，把加强质量信誉建设作为今年和今后一个时期的重要任务，加大力度，重点推进。

在加强工业产品质量信誉建设中，要重点做好以下七个方面的工作。

一、提高思想认识，加强组织领导

有关单位要提高对工业产品质量信誉的重要性的认识。要把质量信誉建设与全面提高我国工业产品质量水平，提升我国工业产品质量形象和国际信誉的工作相结合，做到领导到位、职责落实、目标明确、措施得力。将提高质量信誉的工作落到实处，抓出成效。

二、以企业为主体，增强企业质量责任意识

企业质量责任意识是质量信誉建设的基础。企业只有承担起质量责任，质量信誉才有了落脚点和提升的动力。企业的质量主体责任体现在三个方面。一是提供符合法律法规和标准要求的产品；二是持续改进质量；三是承担因经营和产品引发的法律和经济后果。当前，我国部分工业企业质量责任意识相对淡薄，缺乏承担质量责任的意识和能力，这在一定程度上加剧了因质量问题而导致的危害的范围和程度。

引导企业积极承担质量责任，一是要通过宣传、培训和质量月活动等工作，引导企业树立正确的质量责任观，让企业认识到承担质量责任才是企业生存和发展的根本;二是要通过推广先进质量管理方法、总结和交流质量管理经验、加强企业技术开发和产品创新等工作,帮助和指导企业提高企业质量管理和质量改进水平,增强履行质量责任的能力;三是要完善质量法制环境和配合有关部门加强质量监督,保护积极承担质量责任的企业和行为,加大对漠视和逃避质量责任的行为的打击力度。

三、质量信誉建设与品牌创建相结合

质量信誉和品牌培育是相辅相成的。质量信誉是品牌价值的基础;品牌附加值是对质量信誉的高额回报。

品牌创建是技术与社会相结合的综合性问题。在技术上讲,品牌的实质是自主知识产权;从社会上看,品牌是社会公认度的体现。我国工业产品自主品牌建设落后,缺乏自主核心技术是一个原因,部分企业质量信誉不高而导致的我国工业产品整体质量形象不良也是一个重要的因素。

将质量信誉建设与品牌建设相结合,一是要通过宣传和表彰等活动,提升那些讲质量、守信誉的企业的品牌形象;二是综合利用政策、市场等手段,提高优秀品牌的市场影响力和价值表现;三是突出重点,以服装、家纺和家电行业为切入点,落实相关的指导意见,推进自主品牌建设;四是有条件的地区、行业和产业聚集区要培育区域性、行业性品牌,提升区域和行业质量形象。

四、加强基础工作,稳定提高产品质量

稳定提高产品质量是质量信誉建设的基本保证。加强基础工作,为企业稳定提高产品质量创造良好的条件,是预防出现损害质量信誉的事件的重要保障。针对容易引发质量信誉问题几个突出问题，当前要重点加强以下四个方面的工作。

（一）保证实物特性与标称特性的一致性

当前，工业产品的实物质量特性与标称的特性不一致或不能达到所依据标准的全部要求已经成为一个比较严重的问题。特别是在强制性标准所要求的特性上不能达到要求，会产生更为严重的危害。

要保证实物特性与标称特性的一致性，一是要配合有关部门加强产品抽查和检测工作，特别对涉及强制性标准的特性必查必测；二是对主观故意标称虚假特性的企业和产品坚决查处，净化市场环境；三是通过指导企业建立完善全员、全过程、全方位的质量管理体系，堵塞管理漏洞；四是在技术改造和技术创新项目中，加强对企业产品检测能力的配套建设，减少和消除因检测能力不足而导致的质量问题；五是在产业聚集区，特别是中小企业聚集区，大力发展可以提供标准服务和公共检测服务的技术服务的机构，提高社会化质量服务水平。

（二）发挥好标准工作对消除技术贸易壁垒的作用

在国际贸易中，特别是在国际金融危机影响仍然存在，贸易保护主义有所抬头的情况下，工业产品标准比较容易成为技术贸易壁垒，也成为导致我国工业产品在国际贸易中出现质量问题，造成质量信誉和经济损失的重要因素。

发挥好标准工作对消除技术壁垒的作用，一是要密切跟踪国际标准和国际先进标准，了解和掌握国际标准和发达国家先进标准的发展水平；二是要积极参与国际标准的制、修订工作，增加我国在国际标准领域的话语权；三是要加快我国工业产品标准的梳理和制、修订工作,提高我国标准与国际标准和国际先进标准的对接水平,减少和消除标准间的差异;四是对可能成为技术贸易壁垒和容易引发质量问题的标准进行专门的研究。特别是出口比重较大的行业和企业,要对主要目标市场所在国家的标准进行研究并提出对策,避免可能受到的损害。

(三)提高供应链质量保证水平

原材料和采购零配件的质量水平是下游产品质量形成过程的一个重要因素,也直接影响下游产品的采购成本和制造成本。近来,国内外发生了多起因采购零部件质量问题而影响最终产品质量的事件,给相关企业造成严重的信誉和经济损失。

提高供应链质量保证水平,一是要从行业和产业聚集区入手,加强上下游行业、企业的交流和协作,共同分析和解决影响产品质量的关键性因素;二是要加强上下游行业和企业的标准接口,保证标准要求的相关性和一致性;三是要帮助和指导企业完善对采购产品的质量检验和测试,严把产品质量的入口关;四是鼓励和引导企业对重要原材料和零部件供应商开展第二方审核,通过提高供应商的质量保证能力,保障采购产品的质量水平和稳定性。

(四)完善质量控制和技术评价能力

质量控制和技术评价不同于检验。检验的作用是判定产品合格与否;质量控制和技术评价既要判定产品合格状况,又要对质量进行分析,指导质量改进,还要为制造过程质量控制提供技术支持。质量控制和技术评价能力是评价和提高产品质量，降低发生质量问题的风险，保护质量信誉的的重要技术基础条件。

完善质量控制和技术评价能力，一是要做好相关机构在地区和行业的布局规划，形成比较均衡的质量控制和技术评价能力体系；二是加强对现有的质量控制和技术评价机构的管理，提高技术能力和服务水平；三是以行业骨干企业和科研院所为依托，开展对质量控制和技术评价有关技术的研究；四是在重点地区、行业和产业聚集区发展和培育新的机构，增强区域性和行业性质量控制和技术评价能力。

五、加快质量诚信建设，培育质量信誉

质量诚信体系是社会诚信体系的重要组成部分。对企业而言，质量诚信体系是对诚实守信的企业的支持和保护，是企业培育和保持质量信誉，提升品牌价值和社会认同度的基础；对社会而言，质量诚信体系是对企业诚信表现和产品质量的监督手段，综合发挥法律、政策和市场的作用，保障公共质量安全和社会经济发展。

加快质量诚信体系建设，一是通过开展宣传、表彰等工作，引导企业树立诚实守信的经营理念，改善企业的经营行为；二是要结合地区、行业特点开展质量诚信体系研究，并将质量诚信体系纳入社会诚信体系框架；三是通过制定重点行业质量诚信体系标准，推动完善行业质量诚信体系；四是在政策、资金、项目等方面，加大对质量诚信良好的企业的扶持力度，为诚信企业营造更有利的发展环境；五是对违背诚信的企业加大查处力度，让违背诚信的行为付出惨重的代价。

六、加强应对突发质量事件的能力

加强应对质量事件的能力是在出现非预期的质量事件的时候，减少和避免质量信誉损失的重要手段。质量不仅是管理和技术问题，也是社会问题。随着产品复杂程度和社会对工业产品依赖程度的增加，产品质量问题引发社会影响和危害的风险明显提高。在出现突发性质量事件的时候，能否积极应对并妥善处理对控制其影响和危害程度至关重要。

加强应对突发质量事件的能力，绝不是要隐瞒事实，逃避责任。而是要以诚信为基础，积极负责地解决好问题。一是要根据行业和地区特点，对重点产品，特别是那些涉及人身健康和财产安全的产品进行识别并严格管理，降低出现质量危害的风险；二是地方、行业和企业要依据各自责任，制定重点产品突发质量事件预案，对可能产生的社会影响进行分析并提出对策；三是地方工业和信息化主管部门要与质检、工商等部门建立应对突发质量事件的协调机制；四是在行业和地方建立质量事件通报制度，对引发社会性影响的质量事件要即时上报，并根据事件性质和程度采取有效措施，将质量事件的危害和影响降到最低。

七、与工业产品质量建设的各项工作有机结合

《工业和信息化部关于加强工业产品质量工作的指导意见》（工信科〔2009〕180号）和《工业和信息化部2010年质量工作要点》已经对质量工作做出了全面部署。加强质量信誉建设是工业产品质量建设的一项重点内容。要把质量信誉建设与全局性质量工作相结合，发挥各项质量工作与质量信誉建设的相互促进作用，推动工业产品质量进步。

各地区工业和信息化主管部门、行业协会，要按照本通

知的要求对本地区、本行业质量信誉的基本情况进行调研和分析，在此基础上提出加强质量信誉建设的工作方案。调研情况和工作方案要在 3 月底之前报到我部。

有关企业要参照以上要求，密切与工信部门和行业协会的联系，积极发挥质量主体作用，加强质量信誉建设。

在工作中，要加强与质量监督、工商管理等部门的沟通和配合，发挥质量监管的职能作用，共同推进质量信誉建设；要开拓思路，积极探索和逐步完善质量信誉建设的长效机制，持之以恒地推进工业产品质量建设；有条件的地区和行业要组织对工作方案落实情况和重点企业质量信誉建设工作进行检查和指导。

各地工业和信息化主管部门、行业协会在年度末要对质量信誉建设工作进行专门总结，随质量工作总结一并报我部。

关于加强工业产品质量信誉建设的指导意见

工信部联科〔2010〕112号

为全面提高我国工业产品质量信誉，维护消费者合法权益，增强我国工业产品竞争力，保证我国工业经济健康发展，特制定本指导意见。

一、我国工业产品质量信誉现状分析

改革开放以来，伴随着我国工业跨越式发展，工业产品质量水平显著提高。一批市场信誉度高、品牌竞争力强的优质产品提高了市场占有率，较好地满足了广大人民群众日益增长的物质文化需求，并为我国工业产品迈向全球市场奠定了基础。特别是在应对国际金融危机的过程中，广大工业企业积极提高质量，拉动内需，稳定出口，为我国经济率先实现企稳回升做出了贡献。

同时，我们必须看到，一些工业企业质量责任意识不强、质量信誉水平不高，部分工业产品标准水平偏低和实物质量不稳等问题依然存在，在国内和国际贸易涉及产品质量信誉的问题时有发生。

这些问题产生的原因，一是一些企业的质量责任主体意识淡薄，企业质量工作内生动力不足；二是工业产品品牌培育迟缓；三是质量信誉的行业自律和社会监督作用薄弱；四是工业产品标准发展滞后，与国际标准、国外先进标准存在一定差距；五是市场监管和出口商品质量水平有待加强；六是对工业产品质量工作的规划和协调不足，难于形成合力，突破性解决影响质量的重要问题。

加强工业产品质量信誉建设，解决好当前存在的问题，对我们巩固应对国际金融危机的成果，进一步扩大内需，拉动消费，稳定出口，保持工业经济又好又快发展，具有重要的意义。

二、质量信誉建设的指导思想和主要任务

以科学发展观为指导，按照质量工作要"重在落实、重在持之以恒、重在严格管理"的要求，通过提高工业产品质量信誉，为我国工业调结构、上水平，转变发展方式、提高发展质量和效益奠定坚实基础。

增进沟通配合，加强协调，形成合力，共同开展工作；综合发挥质量法规、规划统筹、政策引导、标准建设、技术改造、执法监督和行业自律等手段的作用，把我国工业产品质量信誉水平提升到一个新的高度。

以加强标准化工作为突破口，为我国工业产品提供具有竞争力的标准支撑，拉动内需、稳定出口；以稳定提高产品质量为基础，保护和提高"中国制造"的国际质量形象；以规范企业自我声明为手段，推动质量信誉建设，促进形成与经济大国地位相称的质量责任意识。

针对当前我国产品质量信誉上存在的突出问题，各有关单位要从以下六个方面，明确任务、采取措施。

（一）提高思想认识，加强组织领导。各有关单位要从满足人民需求、增强我国产品竞争力和树立国际质量信誉形象的高度，提高对我国工业产品质量信誉建设工作重要性的认识，做到领导到位、职责落实、目标明确、措施得力，抓出成效。

（二）进一步落实企业质量主体责任。要引导企业树立正确的质量责任观、增强企业履行质量责任的能力，让企业把质量主体责任意识融入到企业文化里，落实在经营活动中。要规范企业的自我声明，鼓励企业做出质量承诺，并通过加强监管工作，监督企业兑现承诺。

（三）积极推动质量诚信体系建设。质量诚信体系既要促进企业提高质量诚信水平，又要发挥对产品质量和信誉的社会监督作用。要通过加快质量诚信体系的建设，保护诚实守信的企业，制约和惩戒失信企业和行为。

（四）加快自主品牌培育。品牌要以质量信誉为基础，质量信誉要通过品牌价值获得市场回报。要发挥技术改造、财政金融、品牌激励等方面政策的作用，推进企业实施商标战略，努力打造知名商标，推动培育自主品牌，为质量信誉建设营造良好的市场环境。

（五）提高工业产品质量，维护消费者合法权益。要督促和指导企业通过工业产品质量信誉建设，在开发品种、提升质量、培育品牌和改善服务等方面实现进步，负责任地向消费者提供质量合格的产品。

（六）大力加强标准化工作。通过加快我国工业标准的制、修订，开展对标和达标；鼓励参与国际标准的制、修订，增强我国在国际标准制定中的话语权；开展消除贸易技术壁垒的研究等工作，全面提升我国产品标准的总体水平。

三、近期重点工作

各有关单位要在全面落实好 2010 年各项质量工作的基础上，把加强质量信誉建设作为今年和今后一个时期的重要任务，努力做好以下七个方面的工作。

（一）开展宣传和培训，增强企业质量责任意识

当前要把提高产品质量信誉作为质量宣传的重点。"质量月"活动中举办"首届中国工业产品质量信誉论坛"等系列活动；工信部门、质检部门要会同行业协会、质量协会，大力推广先进质量管理方法、指导企业完善质量管理体系，增强企业履行质量责任的能力；海关、工商和质检部门，要加强对重点产品，特别是出口产品的海关查验、质量市场监测、质量监督抽查和检验监管，对逃避质量责任、损害质量信誉的企业和产品坚决依法查处；商务部门要对部分重点产品研究加强出口资质管理和出口企业市场准入标准，进一步规范出口经营主体。

（二）推动企业自主承诺质量责任，激发企业内生动力

要规范企业自我声明的管理，既要引导企业通过自我声明承诺质量责任，又要对企业自我声明内容与实物质量的一致性加强监督和管理。有关部门会同行业协会，对重点工业产品的产品说明书、附加标识和标志等自我声明内容形成规范，规定必须明示的产品特性指标及适用标准，并向社会发布有关信息；加强涉及强制性标准特性的产品抽查和检测工作，对主观故意标称虚假特性的企业和产品坚决依法查处；商务部门要组织加强对销售场所的管理，禁止违反企业自我声明规范的产品上架销售和进行卖场宣传。

（三）加强工业产品标准的对标和达标工作

要重点对比我国工业标准与国际标准、国外先进标准的主要差异，并进行标准的专利和知识产权审查。要推动重点行业、重点产品提高采标率水平，稳定提升产品质量。

工信部门会同行业协会开展行业标准和地方标准的对标工作，并组织开展重点行业、重点产品的达标备案工作，做好企业标准的对标工作。

国家标准化管理部门要对采标情况进行汇总分析，加快我国工业领域标准的制修订速度，加大采用国际标准和国外先进标准的力度，提高我国标准整体水平。

（四）提高产品供应链质量保证水平

工信部门会同行业协会组织开展专项技术攻关活动，解决影响供应链质量水平的瓶颈问题；要从产业聚集区入手，加强企业间的沟通交流，实现上下游产品标准对接，保证标准要求的协调性和一致性；指导企业提高对采购产品质量检测能力，并对重要供应商开展第二方审核；在技术改造和技术创新工作中，加大对采用新材料、新产品、新技术和新工艺的支持力度。海关和质检部门要加强对进口原材料和零部件的通关监管和检验监管，防止不合格产品非法入境；要加强进出口商品法定检验技术能力建设，进一步提高执法水平。

（五）开展工业产品自主品牌建设

各有关部门、行业协会要深入贯彻实施《国家知识产权战略纲要》，大力推进商标战略的实施，组织开展工业产品品牌宣传活动，提高优秀品牌的市场影响力。发展改革和工信部门要利用产业政策、扶持新产品政策、技术改造和自主创新等手段，推动提高工业产品自主知识产权含量；商务部门及有关商协会，要协助有关企业加强自主品牌产品和优质产品的推广营销，提高自主品牌产品的市场价值；质检部门要利用标准、认证、检测等手段，促进自主品牌提高质量水平，加大打击制造假冒品牌的力度，加强我国在产品标准、认证、检测手段等领域的国际互认，改善我国出口产品的国际市场环境；工信部门会同行业协会以服装、家纺和家电行业为切入点，落实相关的指导意见，推进自主品牌建设。

（六）加快质量诚信建设，培育质量信誉

质检部门会同有关部门，要在落实国务院办公厅《关于加强社会信用体系建设的若干意见》的基础上，加快质量诚信体系建设，推动提高产品质量信誉的有关工作。要积极构建质量诚信体系，推动质量信用信息平台建设；要依据企业信用等级划分通则，开展质量诚信企业等级划分试点示范工作，促进提高企业质量诚信水平；要建立质量信用"黑名单"制度，发挥激励、预警、惩戒和淘汰的作用。工信部门要制定重点行业质量诚信体系标准，推动完善行业质量诚信体系；要在政策、资金、项目等方面，加大对质量诚信良好的企业的扶持力度，为诚信企业营造更有利的发展环境；信、质检部门会同行业协会、质量协会，要组织开展对重点工业产品的市场评价和消费者（用户）评价工作，促进企业改进产品质量，提高质量诚信水平；要落实十部委联合发布的《食品工业企业诚信体系建设工作指导意见》，抓好试点，以食品行业为突破口，推进社会质量诚信体系建设。

（七）加强应对工业产品质量失信事件的能力

引导和监督企业加强管理，避免发生质量失信事件。一旦发生，对产品质量事件不隐瞒事实，不逃避责任，以诚信为基础，积极负责地解决问题、消除影响。工信部门会同有关部门、行业协会，要根据行业特点，对重点产品，特别是那些涉及人身健康和安全的产品进行严格管理，提出措施，降低出现质量危害的风险；各省、各地区工信部门要会同有关部门和行业协会，依据各自责任，制定重点产品突发质量事件预案，对可能产生社会危害的质量问题进行分析，提出对策，并与有关部门建立应对突发质量事件的协调机制；要建立通报制度，对引发社会性影响的突发质量失信事件按系统即时上报，并提出建议。

各有关单位要积极按照本指导意见的要求，各司其职，积极开展质量信誉建设工作。工信部门会同有关部门，要对本地区的产品质量信誉情况进行调研和分析。在此基础上，提出加强质量信誉建设的工作方案，并加强实施过程中的检查指导，狠抓落实，务求实效。

工业和信息化部关于推进重点工业产品质量达标的实施意见

工信部科〔2010〕65号

改革开放以来,我国产品质量有了很大提高,但一些领域与国际先进水平相比,还存在较大差距。主要表现在:产品质量一致性差,稳定性不高,可靠性不强。标准技术水平低、贯彻不力是一个重要原因。2009年4月,工业和信息化部制定下发了《关于加强工业产品质量工作的指导意见》(工信部科〔2009〕180号文),明确提出了"规模以上企业重点产品质量水平达到国家、行业标准"的工作目标。为推进重点工业产品质量达标,引导企业加大国家、行业标准的贯彻力度,杜绝无标、违标、降标生产,促进工业产品质量提升,制定如下实施意见。

一、充分认识推进重点工业产品质量达标的重大意义

(一)推进重点工业产品质量达标是加强产品质量建设,促进经济社会又好又快发展的必然要求

随着科技水平的提升和经济全球化的发展,标准对我国经济社会发展的促进与保障作用愈加突显。标准不仅是保障产品质量和消费安全、保护生态环境和节约资源能源的技术基础,是规范市场经济秩序的重要依据,而且是促进科学技术传播、创新,加快创新成果产业化的引领力量,是推动产业结构调整优化和转型升级的有效途径。国家、行业标准是我国标准体系的重要组成部分,促进我国经济社会又好又快发展,必须大力加强国家、行业

标准的贯彻实施，推进重点工业产品质量达标。当前，产品质量建设已进入攻坚阶段，引导和督促广大企业严格执行国家、行业标准，鼓励有条件的企业积极采用国际标准和国外先进标准，是提高产品质量、促进更新换代，加快产业结构优化调整的内在要求。各地工业主管部门、各行业协会、有关企业及标准化专业机构要深刻认识推进重点工业产品质量达标工作的重大意义，增强紧迫感、责任感，坚持以标准贯彻保质量提升、以质量提升促经济发展，努力把我国工业产品质量提高到一个新水平。

二、推进重点工业产品质量达标的工作思路

（二）指导思想

以科学发展观为指导，围绕开发品种、提升质量、培育品牌和改善服务，以企业为主体，以重点行业和重点产品为切入点，通过引导和督促企业贯彻国家、行业标准，鼓励和支持企业采用国际标准和国外先进标准，推进重点工业产品质量达标，促进工业产品质量水平明显提升。

（三）工作目标

构建以企业为主体，以重点工业产品质量达标备案制度为基础，以达标认定与检测能力建设为手段，以地方工业主管部门、行业协会和标准化专业机构为依托的国家、行业标准贯彻实施体系，形成国家、行业标准制修订与贯彻实施的互动机制，力争用3年左右时间实现规模以上企业重点产品质量水平达到国家、行业标准的目标。

三、推进重点工业产品质量达标的主要措施

（四）加大现行国家、行业标准的宣贯力度

各地工业主管部门要按照产业政策要求，围绕市场变化和企业需求，组织有关行业协会和标准化专业机构积极开展标准培训，促进现行国家、行业标准的贯彻实施。要检查、监督相关企业严格执行国家强制性标准，坚决杜绝无标、违标、降标生产。要引导企业按照国家、行业标准要求，加快淘汰落后的工艺、设备和产品，推动产业结构的调整优化和转型升级。要加强对技术创新项目及其产业化过程的贯标工作指导，提高技术应用的成熟度和产品开发的成功率，促进新兴产业的规范发展。要组织有条件的企业在全面贯彻国家、行业标准的基础上，制定实施技术要求高于国家、行业标准的企业内控标准。在一些重点产品领域，要鼓励和支持企业对标国际，积极引进、学习和贯彻国际标准和国外先进标准，促进产品质量与国际接轨。

（五）加强对技术性贸易标准的跟踪、研究与宣贯

各地工业主管部门、各行业协会和有关标准化专业机构要加强对工业产品主要出口市场的跟踪研究，及时发布其产品、技术和管理标准的制修订以及贯彻实施的相关信息，指导出口企业积极按照出口市场的国家和地区标准组织生产，切实提高产品质量，妥善应对贸易技术壁垒和保护措施，减少贸易摩擦。要加强利用关键产品、技术和管理标准促进工业经济健康发展的机制研究，通过制定实施符合我国工业经济特点和发展需要的国家、行业标准，规范进口市场秩序，保障进口产品质量，维护消费者的合法利益。

（六）加快节能减排与污染控制标准的贯彻实施

要结合地方、企业及重点领域、重点行业的特殊要求，以达标认定为手段，加快节能减排与污染控制领域国家、行业标准的贯彻实施。要鼓励企业按照节能、环保的新要求，

不断提升装备、工艺、技术和管理水平。要通过不断提高高能耗、高污染、资源性污染物减排和能耗标准,推进企业、行业和地区深化贯标、达标工作,实现节能减排和节约资源的目标。

(七)强化对中小企业贯标、达标工作的指导

各地工业主管部门要切实重视中小企业贯标、达标工作,制定并落实指导本地区中小企业贯彻实施国家、行业标准的鼓励政策和配套措施,引导中小企业依靠技术创新和技术进步,不断提升贯标、达标的能力和水平,不断提升产品质量。要积极发挥质量公共服务平台对中小企业贯标、达标工作的服务作用,通过提供人员培训、标准宣贯和检测验证等技术服务,切实增强中小企业贯彻国家、行业标准的基础能力。

(八)加强贯标能力与达标验证手段建设

要推动企业以技术改造为手段,积极加强贯标能力建设。要引导企业利用现有条件和设备设施,加强产品质量形成过程中的检验、检测与试验验证工作,重点加强对产品标准符合性的检测验证。要支持现有检测机构按照国家、行业标准的要求,不断补充、完善和提升检测能力,充实达标验证手段。要适应新技术、新材料、新产品和新兴产业发展需要,加快规划建设一批技术水平高、检测能力强、业务覆盖面宽的区域性、行业性专业检测机构,形成支撑国家、行业标准达标认定的基础平台。

(九)落实推进贯标、达标的政策措施

各地工业主管部门要结合本地区质量工作的特点和产业发展需要,在新产品鉴定和推广,示范基地和企业技术中心

认定，国家、行业标准制修订，以及政府质量奖励等工作中落实推进企业贯彻国家、行业标准的激励政策和配套措施，发挥企业贯彻国家、行业标准的主体作用，增强企业的内动力。要指导企业适应经济社会发展的新形势、新特点、新需求，增强前瞻意识，努力加强产品从研发、设计、生产、销售到售后服务与保障全过程的贯标工作。

四、近期重点工作

（十）开展企业贯标达标情况调查

结合落实工业和信息化部《关于加强工业产品质量工作的指导意见》的要求，重点围绕钢铁、汽车、船舶、石化、纺织、轻工、建材、医药、有色金属、装备制造及电子信息等行业，选择部分工业企业开展现行国家、行业标准贯彻实施情况调查，梳理分析贯标达标工作存在的主要问题，研究提出解决方案。

（十一）推进产业发展急需标准的研究与宣贯

各地工业主管部门要结合地方特色，选择贸易、民生、安全、节能、环保等重点领域的国际标准开展水平研究与宣贯。要注重发挥有关行业协会和标准化专业机构的组织、协调作用与专业优势，积极开展产业发展急需的国家、行业标准和近年来新制定发布的国家、行业标准的宣贯活动。

（十二）制定下发产品质量达标备案管理试行办法

按照本实施意见的要求，制定下发重点工业产品质量达标备案管理试行办法，明确实施达标备案管理的重点工业产品目录、技术标准以及实施达标备案管理的程序、机构和管理要求。产品目录依据九大行业调整和振兴规划中的目标和要求，主要限定在钢铁、有色、化工、机床、汽车、工程机械、电子、建材、轻工、农业机械、高新技术等产品领域。技术标准要达到但不限于国家强制性标准的要求和国家有关行政许可法规的要求,范围上要覆盖产品主要功能、性能、可靠性、安全性等指标,内容上要覆盖与产品有关的强制性标准所有条款和推荐性标准主要条款。

(十三) 试点开展产品质量达标备案管理

选择部分行业和地区规模以上企业的重点工业产品,试点开展达标备案管理。通过对企业相关产品质量达标情况的备案管理,全面了解重点工业产品的贯标、达标情况,及时发现某些产品标准的缺陷及贯彻实施中的存在问题,推进国家、行业标准的贯彻实施。

五、工作要求

(十四) 加强组织领导

要充分认识推进重点工业产品质量达标工作的重要性和紧迫性,切实加强对达标推进工作的组织领导。要根据本实施意见的要求制定落实本地区、本行业的推进工作方案,加快制定配套措施。要积极参与达标备案管理的试点活动,精心策划,周密部署,努力把试点工作落到实处,务求实效。

(十五) 建立评价考核机制

各地工业主管部门要建立达标推进工作的评价与考核机制,协调处理推进工作中出现的新情况、新问题。要发挥现有质量公共服务平台的作用,加强对企业贯标、达标工作的信息服务。要适时对推进工作进行总结,组织推进工作经验交流和达标先进企业表彰奖励,积极营造有助于不断深化达标推进工作的文化氛围。今后,各地工业主管部门要及时对当年的产品质量达标推进工作进行总结,并于每年 12 月底前向工业和信息化部提交年度总结报告。

(十六) 坚持常抓不懈

各地工业主管部门、各行业协会要把推进重点工业产品质量达标融入本地区、本行业经济社会发展大局,加强与地方政府及相关部门的沟通协调,着力构建达标推进工作的协同机制、长效机制,坚持常抓不懈。

二〇一〇年二月九日

工业和信息化部关于加强汽车产品质量建设促进汽车产业健康发展的指导意见

工信部装〔2010〕100号

各省、自治区、直辖市、计划单列市及新疆生产建设兵团工业和信息化主管部门，有关中央管理企业，汽车行业协会：

为进一步加强汽车产品质量建设，全面提高汽车产品质量信誉，促进我国汽车产业健康发展，特制定本指导意见。

一、加强汽车产品质量建设的重要意义

汽车产业是国民经济重要的支柱产业，在国民经济和社会发展中发挥着重要作用。进入21世纪以来，我国汽车产业高速发展，形成了多品种、全系列的各类整车和零部件生产和配套能力。2009年，我国汽车产业在应对国际金融危机中实现平稳较快发展，全年汽车销售1364万辆，同比增长46%。我国已经成为世界汽车生产和消费大国。但同时也应看到，我国汽车产业依然存在核心技术缺失、自主创新能力弱、管理水平亟待提高等问题，一些企业存在重产能扩张、轻技术研发，重成本控制、轻质量管理等现象，有的甚至给消费者、社会公共安全带来隐患。在汽车产业快速发展的过程中，尤其要更加重视产品质量保障体系建设和人才队伍建设。

当前，我国汽车产业在国家政策的支持下，正处于快速发展的关键时期,必须深入贯彻落实科学发展观,坚持走中国特色新型工业化道路,加快经济发展方式转变和结构调整,及时总结和汲取世界汽车产业发展的经验和教训,采取有力措施,切实加强汽车产品质量建设,全面提高汽车产品质量信誉,促进汽车产业由大变强、健康发展。

二、进一步落实企业抓质量工作的主体责任

(一)汽车生产企业要牢固树立"质量至上"意识,建立汽车产品质量责任制,纳入考核体系。切实提高汽车产品的品质管理和品质保证能力,将加强产品质量建设作为企业发展规划的重要内容,将汽车产品质量主体责任意识融入到企业文化中,落实在经营活动中,进一步树立"品牌"意识,加快建立企业质量诚信体系。

(二)汽车生产企业要积极学习借鉴国际先进质量管理体系建设经验,不断完善产品质量管理体系。在汽车行业全面推行建立 GB/T19000 质量管理体系,汽车整车生产企业在 2010 年底前全部贯标,进而对配套件生产企业提出贯标的要求,不断提高产品合格率和出厂产品的可靠性。要强化供应链管理,建立汽车配套产品质量认证等管理制度,加强对配套件企业质量保障能力的评价和审核。

(三)汽车生产企业要加强企业全面质量管理。建立产品质量全员教育、全员参与制度,开展质量管理合理化提案活动。对生产过程和售后服务中发现的产品质量问题要及时研究分析和沟通,不断改进、提高汽车产品设计、生产、销售、服务全过程质量管理水平。

(四)汽车生产企业要加大技术升级和新技术研发力度,

加强信息化建设，以信息化手段提升产品质量。积极采用新技术、新工艺、新设备、新材料，不断改善品种、提高质量，防止盲目扩大生产能力。要提高汽车产品和关键零部件的检测能力，结合生产线改造，增加在线检测设备。

（五）汽车生产企业要加强汽车产品售后服务。加大对消费者正确使用汽车产品的培训和指导，增强消费者汽车质量安全意识。发展和完善修配、保养等多种服务，扩大服务范围，提高服务质量。

（六）汽车生产企业要建立质量风险预警和防范体系。建立产品追溯、召回、申投诉处理和安全事故的责任追究制度。严格执行《缺陷汽车产品召回管理规定》，及时召回、处理缺陷汽车产品。建立对消费者高度负责的危机处理机制，提高对危机的迅速反应和处理能力，保持与媒体的充分沟通。

（七）汽车生产企业要加强出口产品适应性试验和售后服务体系建设，充分了解出口国标准、法规、文化和习俗等情况，增强与当地社会的沟通融合，积极创造可持续的发展环境。

（八）汽车生产企业要制定质量管理人才培养计划，加强质量管理人才队伍建设，为建立企业产品质量管理体系提供人才保障。

三、建立健全汽车产品质量监管体系

（一）完善标准法规体系。加强汽车行业安全和节能环保标准和技术规范的研究和制修订工作。以先进、科学的标准和技术法规促进汽车产品质量和技术水平的提升。加大新标准的宣贯力度，建立国内外汽车行业标准法规信息平台，为企业提供服务。

(二)严格汽车生产企业和产品准入,加强《车辆生产企业及产品公告》管理。符合准入管理制度规定和相关法规、技术规范强制性要求的汽车产品,登录《车辆生产企业及产品公告》。进一步完善汽车产品准入管理制度,积极创造条件开展生产一致性监督管理。

(三)加强公共检测机构能力建设。大力加强第三方质量检测机构的汽车产品强制性标准检测能力建设和质量事故鉴定能力建设,不断完善产品质量评价方法和评价体系。加强公共检测机构公信力建设,强化服务意识。加强对汽车产品检测机构的监督管理。

(四)建立汽车行业质量信息公示制度。汽车行业主管部门要积极研究建立汽车产品质量信息发布平台,实施对汽车产品质量信息动态管理。建立企业质量诚信监管体系,切实保护诚实守信的企业,制约和惩戒失信企业和失信行为。

(五)各级汽车行业管理部门要高度重视汽车产品质量工作,把提高汽车产品质量作为促进汽车产业可持续发展的重要举措。结合实际,建立统一部署、职责明确、分工协作、合力推进的工作机制。积极配合质检、工商等执法部门开展质量监督,进一步净化市场公平竞争环境,督促企业履行质量责任,维护消费者合法权益。

四、加强行业自律和社会舆论监督

(一)汽车行业协会要加强行业自律。积极研究、总结、推广国内外汽车行业质量管理先进经验。受理、收集汽车用户质量投诉信息以及汽车产品质量检测、质量事故处理信息,及时向汽车行业管理部门和相关企业提出意见、建议。

（二）充分发挥社会舆论监督的作用，加强汽车产品质量宣传报道，营造企业重视质量、重视品牌、重视服务的社会氛围。

各省、自治区、直辖市、计划单列市及新疆生产建设兵团工业和信息化主管部门应及时将本指导意见传达到本地区内汽车生产企业，并督促本地区汽车生产企业切实加强汽车产品质量建设，不断提高汽车产品质量管理水平。

工业和信息化部
二〇一〇年三月十四日

国家质量监督检验检疫总局、工业和信息化部关于加强建筑防水行业质量建设促进建筑防水卷材产品质量提升的指导意见

国质检监联〔2013〕644号

各省、自治区、直辖市质量技术监督局、工业和信息化主管部门：

为了贯彻落实国务院《质量发展纲要（2011—2020）》，全面加强建筑防水行业质量建设，提升防水卷材产品质量，促进行业持续健康发展，制定本意见。

一、加强建筑防水卷材行业质量建设的重要性

建筑防水卷材作为工程建设的基础性材料，是关系国计民生的重要功能性产品。近年来，我国建筑防水卷材产业持续快速增长，产量已连续多年居世界首位。但是，我国建筑防水卷材产业大而不强，结构不合理、生产集中度低、产能利用率不高、市场竞争不规范、创新能力不强等问题仍很突出。一些企业片面追求速度和数量，忽视发展质量和效益，质量水平提升滞后于产业规模扩张。质量提升是兴业之道、强业之策。各单位要充分认识加强建筑防水行业质量建设，提升质量总体水平的重要意义，采取综合施治措施，夯实质量建设基础，解决突出存在的重点问题，通过质量建设着力推动建筑防水卷材行业实现以质取胜、强化提质增效、促进转型升级。

二、工作方针和目标

以落实科学发展、转变发展方式、实现以质取胜为主线,坚持企业主体、政府监管、市场调节、行业自律和社会参与相结合,按照系统推进、突出重点、综合施策、标本兼治的工作方针,以保证质量安全为根本要求,以落实企业主体责任为关键,以严格政府监管为保障,以公平竞争、质量诚信为导向,着力加强建筑防水材料行业质量建设,有效解决制约行业发展和质量提升的关键症结和主要问题,全面提升建筑防水材料行业发展水平、质量保障水平和总体质量水平。

三、加强企业产品质量主体责任能力建设

(一)强化企业产品质量主体责任意识

引导企业树立"诚信为本、以质取胜"的经营理念,建立质量安全控制关键岗位责任制。督促企业法定代表人或主要负责人对质量安全负首要责任、企业质量主管人员对质量安全负直接责任。对于质量问题突出的生产和经营企业,质量监管部门对其法定代表人和质量安全负责人进行约谈。督促企业严格实施岗位质量规范与质量考核制度,实行质量安全"一票否决"。

(二)以严格的内部质量管理有效解决质量不稳定的突出问题

督促生产企业结合建筑防水产品生产实际和质量不可靠、不稳定等突出问题,严格按标准组织生产,严格质量控制,严格原材料把关,严格质量检验和计量检测。鼓励企业利用先进适用的现代信息技术手段和现代质量管理理念方法,广泛开展质量改进、质量攻关、质量风险分析活动。

（三）重视以技术创新促进质量提升

鼓励企业按行业准入条件要求，积极应用新技术、新工艺、新材料，加快装备改造和技术进步、提升生产控制和综合管理水平，开发新产品，从生产源头入手稳定提高产品质量。把技术创新作为提高质量的抓手，持续改善品种质量，提升产品档次和服务水平，研究开发具有核心竞争力、高附加值和自主知识产权的创新型建筑防水卷材产品。

（四）优势企业要带头履行产品质量社会责任

引导行业龙头企业发挥质量诚信的示范引领作用，主动发布社会责任报告，率先承诺不生产和销售质量不合格产品。积极践行质量承诺，试行产品质量保证期制，主动接受政府部门、社会和媒体监督，主动抵制恶意市场竞争，勇于承担对企业员工、消费者和合作方的社会责任，有效树立对用户、对行业、对社会负责的良好形象。

四、加强全链条质量监督管理体系建设

（一）从生产源头严把质量准入关

一是严格生产许可管理，严格执行新公布的建筑防水卷材生产许可证实施细则，按照上限要求严格实施企业实地核查和产品发证检验，从严审批核发生产许可证，对达不到生产许可和实施细则要求的企业，坚决不予发证。二是在获证企业日常管理中，督促企业持续稳定地运行质量管理体系，实现从原材料进厂把关、生产过程控制和出厂检验全过程质量管理。三是严格执行行业准入条件、清洁生产和节能减排等产业政策，对不符合产业政策要求的，依法注销生产许可证。

（二）建立和完善应用领域质量管控制度

一是推动完善重点领域业主单位、施工单位的采购质量把关制度，建立防水卷材质量生产、销售、应用记录"三统一"的追溯机制，形成生产、流通、应用等关键环节全产业链条质量监管模式，全链条杜绝假冒伪劣产品进入使用领域。二是完善应用领域建筑防水技术规范和产品标准，鼓励业主单位采用先进的产品、技术和管理方法。

（三）保持对建筑防水产品质量监督和执法打假的高压态势

一是各地质量技术监督部门要将建筑防水卷材作为持"三查三打"专项行动的重点，集中优势力量，突出重点对象，在一定时期取得突出成效。二是对建筑防水卷材产品全面实施分类监管监管制度，以此为主要手段，将生产企业全面纳入有效监管，切实落实信用监管、责任监管、常态监管和加严监管等差异化监管措施。三是在产业集聚、无证生产集中区等重点区域深入开展区域整治，严厉打击无证生产、偷工减料、以次充好等违法行为，有效规范生产秩序。四是各地工业和信息化主管部门要引导从业企业规范经营，注重建筑防水项目的事中事后监管，强化对生产企业执行行业准入条件情况的检查。五是加强执法协作，实施处置重大质量违法突发案件快速反应机制和执法联动，严厉查办一批制假售假大案要案，对典型案件和大案要案进行督办，集中公布一批产品质量问题突出的违法案件，有力震慑制假售假违法行为，有效遏制制假售假打而不绝态势。

（四）强化政策约束和引导扶持

一是严格贯彻产业政策，严格落实行业准入条件，遏制低水平重复建设，淘汰落后产能，化解行业产能严重过剩问题，提升行业整体水平。二是推行产业退出机制，对不满足产业政策要求、质量问题突出或引发质量事故的企业，依法吊销生产许可证，责令企业退出建筑防水卷材行业。三是加强规划指导、政策激励和标准约束，优化产业结构，推进企业联合重组，逐步提高行业生产集中度。四是引导企业重视并实施品牌战略，加强品牌建设，鼓励企业通过技术进步提升产品质量，增加产品技术含量，加快新产品开发。引导行业加快形成一批消费者满意、用户信任、社会认可的优质产品、优良品牌和优秀企业，促进实现以质取胜、优胜劣汰。五是强化标准支撑。根据质量提升和产业发展需求，完善建筑防水卷材技术标准体系建设。加强国家标准宣贯，加强强制性标准管理，大力提升标准的先进性、有效性和适用性。完善企业标准备案制度，对不符合国家标准和行业标准要求的企业标准坚决不予备案，对已备案的企业标准进行清查，集中清理一批关键技术指标低于国家标准和行业标准要求的企业标准。

五、加强有利于质量提升的市场环境建设

（一）推进完善应用领域的招投标机制

运用市场机制，有效破除单纯的"最低价中标"招投标模式，坚持以质量为核心要素的招投标导向。支持招标方、生产企业和用户要联合起来，共同抵制恶意低价竞标，有效防止低价竞标带来的偷工减料、以次充好等质量安全风险，着力创建一个公平竞争、公开透明、有利于质量提升的市场环境。

（二）通过信息公开共享有效遏制无序竞争

一是行业管理部门公告符合行业准入条件的生产线和企业名

单，接受社会监督并实行动态管理。二是支持行业协会向社会发布建筑防水卷材产品的社会平均成本等行业信息，防止以牺牲产品质量为代价的低价竞争。三是利用信息化、电子化手段，推动建立质量监督、工业和信息化等部门、重点用户单位之间的信息互通机制，建立面向社会的建筑防水质量信息平台，实现企业证照信息、准入公告信息、产品抽查信息、分类管理信息、质量违法信息、用户投诉信息、质量事故信息、行业检查信息的共享。

六、加强行业质量诚信体系建设

（一）深入开展以质量诚信为主要内容的行业自律活动

充分发挥社会组织在质量提升中的重要作用，在全行业开展'诚敬做产品'活动，组织企业签署并践行质量诚信自律承诺，推动企业建立'道德讲堂'，引导企业用道德良心做产品。开展建筑防水行业企业信用评价工作，加强行业质量管理培训和技术交流，组织骨干企业成立行业健康发展产业联盟，在行业内宣传和扶持一批能够发挥质量诚信引领作用的优势企业，形成行业自我管理、自我发展的正能量。

（二）着力加强质量诚信文化建设

引导企业牢固树立质量是企业生命的理念，实施以质取胜战略。将诚实守信、持续改进、创新发展、追求卓越的质量精神转化为社会、广大企业及企业员工的行为准则，自觉抵制违法生产经营行为。全方位提升生产企业、业主单位及广大消费者质量意识，倡导科学理性、优质安全、节能环保的消费理念，形成建筑防水卷材产品质量提升的软实力。

（三）强化质量守信的社会监督

一是建立健全举报制度，鼓励广大消费者积极举报违法违规和质量问题突出的企业,保护举报人的合法权益。二是依托全国企业质量信用档案数据库,全面采集建筑防水卷材生产企业生产许可、监督抽查、质量违法违规等质量信用信息并向社会公开,运用市场机制加强对企业违法失信行为的约束和惩戒。三是建立实施质量失信"黑名单"制度,结合生产许可、质量监督、行业准入、执法打假和社会举报,将产品质量国家监督抽查多次不合格、整改仍不合格、出现严重质量事故以及其他质量违法行为的企业依法列入质量失信"黑名单"。对列入"黑名单"的企业,取消投标资格,禁止进入工程市场,通过发挥市场调节的基础性作用,切实提高质量违法成本,遏制生产企业违法违规行为,最大限度地挤压质量违法企业的生存空间,不断净化建筑防水卷材行业的市场环境。

七、工作要求

(一)加强领导,精心组织

按照部门联动、各方协同的原则,国家质检总局、工业和信息化部会同中国建筑材料联合会等单位建立建筑防水卷材产品质量提升联合工作机制,负责研究全国建筑防水卷材质量总体形势,提出质量提升工作措施,督促检查各地落实情况。

(二)做好协同,形成合力

各地相关部门、行业协会和业主单位要在本地政府的统一领导下,结合本地实际,按照联合工作组的统一部署,切实加大建筑防水卷材质量提升工作落实力度,制定质量提升工作方案和配套措施,认真抓好落实,进一步加强信息互联互通，实现对本区域建筑防水卷材产品质量的综合整治，确保质量提升工作取得实效。

（三）狠抓落实，确保实效

各部门要紧密结合实际，找出质量建设薄弱环节和突出问题，根据本指导意见的要求尽快制定工作方案、进度安排和配套措施，切实抓好落实推进工作。以建立建筑防水卷材行业质量建设的长效机制为主要目标，真正落实企业产品质量主体责任，明显提高建筑防水卷材产品和工程质量，规范改善市场秩序，使消费者共享质量提升成果。要加强各项工作落实情况的监督检查，各地区相关部门要及时向主管部门报告工作进展，注重在研究解决新情况、新问题中不断形成新办法和新经验。

国家质检总局
工业和信息化部
2013 年 12 月 6 日

水利部、质检总局、全国节水办关于加强节水产品质量提升与推广普及工作的指导意见

水资源〔2012〕407号

各省、自治区、直辖市水利（水务）厅（局）、质量技术监督局，各计划单列市水利（水务）局、质量技术监督局，新疆生产建设兵团水利局、质量技术监督局，各相关单位：

为深入贯彻落实国家节水政策法规，促进节水工作，现就进一步加强节水产品质量提升与推广普及工作提出如下指导意见：

一、充分认识节水产品质量提升与推广普及的重要意义

当前，我国面临的水资源问题十分严峻，水资源短缺、水污染严重、水生态环境恶化等问题日益突出，已成为制约经济社会可持续发展的主要瓶颈。实行最严格水资源管理制度，全面建设节水型社会是解决我国水资源问题的一项战略性任务。作为节水技术的重要物质载体，节水产品质量提升与推广普及涉及经济社会生产生活的多个领域，关系到节水技术进步、用水效率提高、用水方式转变等多个层面，是节水型社会建设的一项重要基础工作。

党中央、国务院高度重视节水产品质量提升与推广普及工作，《中共中央 国务院关于加快水利改革发展的决定》（中发〔2011〕1号）、《国务院关于实行最严格水资源管理制度

的意见》(国发〔2012〕3号)等文件明确提出,抓紧制定节水强制性标准,尽快淘汰不符合节水标准的用水工艺、设备和产品,大力推广使用生活节水器具。近年来,水利部、国家质检总局等部门陆续出台实施了促进节水产品质量提升与推广普及的政策措施,取得了明显成效。但是,我国节水产品质量状况、节水产业整体发展水平以及节水产品普及应用程度仍与我国严峻的水资源形势存在一定差距,无法满足经济社会发展和人民生活水平不断提高的客观需要。我国节水产品生产企业规模普遍不大,产品品种偏少,自主创新能力不强,节水效率等级偏低,寿命可靠性较差,产品质量监督抽查合格率长期在低位徘徊,质量总体水平亟待提升。节水产品市场竞争有待进一步规范,中低端产品的同质化竞争严重,仿制滥制问题突出,社会认知度低,产业发展环境亟待改善。节水产品推广普及的激励引导政策不完善,未形成多部门合力,生产企业和用户节水动力不足,节水产品推广普及工作亟待加强。为此,要充分认识节水产品质量提升与推广普及工作的重要性,把促进节水产品质量提升和加大节水产品推广普及作为当前和今后一个时期落实最严格水资源管理制度的重要工作任务,认真部署并有效落实,为全面推进节水型社会建设提供技术支撑和保障。

二、指导思想

以科学发展观为统领,坚持政府推动、市场引导、企业为主体、社会共同参与的原则,重点通过健全制度、完善政策、强化监管、注重推广等综合措施,加强部门联动,建立实施节水产品质量提升与推广普及长效工作机制,提升节水产品质量，规范节水产品市场，促进节水产业发展，以质量提升促进推广普及，以推广普及带动质量提升，形成齐抓共管、相互促进的良好局面，不断提高节水产品普及率，为全面提高我国水资源利用效率和效益发挥重要作用。

三、重点工作

（一）督促节水产品生产企业落实质量主体责任

积极引导和督促节水产品生产企业严格执行各项政策法规，严格按照技术标准的要求组织生产，保证生产的产品质量稳定可靠。节水产品生产企业要加强全面质量管理，建立健全质量责任制度和质量管理体系，严格原材料进厂把关、生产过程控制和出厂检验等质量管理。要加大对新材料、新品种、新技术和新工艺的研发力度，不断改进工艺技术、优化产品结构，增加产品技术含量，提高产品节水效率，切实提升自主创新和质量保障能力。要把质量主体责任意识融入到企业文化里，落实在经营活动中，依法诚信生产经营，及时主动解决生产过程和售后服务中发现的产品质量问题，通过自我声明的方式向社会公开质量责任承诺。

（二）加快完善节水产品技术标准体系

加强节水标准的统一管理。加大采用国际标准和国外先进标准的力度，加快重点强制性节水标准的编制工作，逐步提高节水产品技术门槛，淘汰技术落后、耗水量高的用水设备及产品。重点推动节水标准的宣贯培训和试点示范工作，加大节水产品强制性标准实施情况的监督检查，开展节水标准实施状况调查分析，积极采用节水新技术、新成果，不断提高节水标准的技术水平。

（三）加大生产企业产品质量监督执法力度

将涉及强制性标准的生活节水器具作为当前产品质量监督工作的重点，列入重点监督目录，扩大监督的产品范围，持续保持对节水产品生产企业强化监督的态势。研究建立质监、水利、节水部门节水产品联动监督抽查机制，联合开展节水产品生产、工程建设、使用环节的质量监管和稽查。进一步突出重点，对质量问题严重的重点区域、重点品种和重点企业加大监督检查的力度，严厉打击制假售假、以次充好等质量违法行为，进一步整顿和规范市场经济秩序。加强水泵等工业涉水设备的生产许可管理，严格企业审查和证后监督，逐步研究制定其他节水产品的准入管理政策，为质量提升创造良好的市场环境。

（四）深入推进节水产品认证工作

全面开展节水产品认证工作，把好节水产品评价关，科学发布用水产品节水信息，引导消费者合理消费。加强节水产品认证的规范管理，研究制定节水产品认证管理办法，加强对节水产品认证工作的指导，规范认证行为，提升认证工作质量和水平，确保认证结果的有效性和权威性。选择社会影响广泛、节水潜力大、技术成熟度高的节水产品，推动节水产品认证工作的开展。地方各级质监、水利部门要加大对节水产品认证机构和认证结果的监督检查，对运作不规范的认证机构和认证人员要严厉查处。

（五）研究建立用水产品水效标识管理制度

联合制定用水产品水效标识管理办法，推动建立用水产品水效标识管理制度，明确管理职责，健全工作体系，规范工作程序，细化技术要求。选择水嘴、坐便器等成熟产品开展水效标识管理试点工作，做好用水产品水效标识管理的社会宣传和动员工作。

(六) 加快推动节水产品企业分类监管

按照《工业企业产品质量分类监管试行办法》及工作部署，对主要生活节水器具、农业节水设备、输水管材和纳入生产许可管理的水泵等工业涉水设备，根据节水产品生产企业的质量保障能力和质量守法情况，将企业划分为不同等级类别，有针对性地实施不同频次、程度和范围的监管模式，分别实施信用监管、责任监管、常态监管、加严监管和特别监管等不同监管模式，实现科学高效监管，带动和促进产业整体质量水平提升。

(七) 加强节水产品企业质量诚信体系建设

加强对节水产品生产企业质量诚信意识的宣传，引导和推动企业牢固树立"诚信至上、以质取胜"的经营理念。以组织机构代码实名制为基础，以物品编码为追溯手段，逐步完善节水产品生产企业质量信用档案和产品质量信用信息平台，将企业违法违规等不良记录和奖励等良好记录全部记入档案。以水嘴、坐便器、输水管材、微喷滴灌设备等产品生产企业为重点，将严重违法行为纳入质量失信"黑名单"，加大惩戒力度。加强部门间企业质量信用信息共享，完善对失信企业的联合惩戒机制。

(八) 抓好重点产品集聚区质量提升

要从产业聚集区入手，加强质量监管，鼓励和引导企业开展产学研合作，促进企业间沟通交流，重点强化保证质量的关键技术、前沿技术和基础技术研究。开展产品集聚区质量情况调研分析，指导企业提高原料采购质量检测能力，加强新产品自主研发，努力打造知名品牌，为质量信誉建设营造良好的市场环境。加快区域产业结构调整，进一步完善质量检测公共服务体系，有机融合技术研发、检测评估、质量培训等服务功能，构建支撑产业的公共检测服务平台，为企业提升质量和转型发展提供有效技术支撑。

（九）大力推进节水产品推广普及示范工作

继续推进全国节水型社会建设试点地区节水产品推广普及项目，加大试点项目投资力度，逐步扩展推广产品品种，加强项目指导，规范项目管理，总结提炼推广经验模式，发挥示范带动作用。开展节水产品推广普及特色区域创建活动，在全国范围内树立一批节水产品推广普及的特色典型，辐射拉动形成一片优势区域。力争"十二五"期间全面完成设区城市公共机构节水器具改造工作，机关、学校、医院等公共机构和新建住宅及商场宾馆全面普及节水器具。

（十）强化政策约束和引导作用

鼓励节水新技术、新装备的研发和产业化，研究制定加快推广普及节水新技术、新工艺、新装备的政策措施。加强节水新产品的技术鉴定工作，制定发布节水产品的推广指导目录，引导和促进节水科技成果转化。研究建立节水产品认证采信机制，联合相关部门积极出台获证产品鼓励优惠政策措施，继续落实好节水灌溉工程和农村饮水安全工程优先采用认证产品的工作要求，逐步实现节水灌溉工程和农村饮水安全工程材料设备的准入管理。严格建设项目节水设施"三同时"管理,确保新建、改建、扩建项目全部采用节水器具,加强节水设施"三同时"落实情况的监督检查。中央分成水资源费和地方水资源费要把节水产品推广普及作为重点支出领域,支持机关、学校、医院等公共机构以及低保居民生活节水器具的换装改造和新装工作。

(十一)促进公众参与和加强宣传推广

构建公众全面参与节水产品推广普及的机制,鼓励公众主动选购和积极使用节水产品,形成自觉节水的良好社会风尚。继续开展"世界水日"、"中国水周"和"全国城市节水宣传周"等宣传活动,充分利用广播、电视、报刊、互联网等各种媒体,广泛宣传和普及节水产品应用知识、社会效益和重要作用,开展节水产品进社区、学校等活动,搭建政府、生产企业、用户之间的互动沟通交流平台,宣传节约用水的生活方式,提高公众对节水技术和产品的社会认知度。强化舆论监督,建立节水监督举报网站,设立节水监督举报电话,公开曝光非法使用淘汰类用水产品和设备等不良行为。定期表彰在节水产品质量提升与推广普及工作中做出突出贡献的单位和个人。

四、工作要求

(一)加强组织领导

按照共同推动、各有侧重的原则,水利部、国家质检总局、全国节水办建立工作协商机制,定期召开会议,研究解决节水产品质量提升与推广普及的重大问题,组织开展联合行动,指导各地落实工作要求,督促各地完成节水产品质量提升与推广普及工作任务。积极联合有关部门,形成节水产品共管共治、共同促进的工作局面。

(二) 加强协同配合

各地水利、质监、节水部门要结合本地实际，按照三部门统一部署，本着质量提升与推广普及工作有机结合和相互促进的原则，按照职责分工，通过建立联席会议制度、信息通报制度和开展联合执法检查、联合办案等措施，加大执法力度，确保各项工作取得实效。

(三) 加强贯彻落实

各地水利、质监、节水部门要紧密结合本地区实际，找出薄弱环节和突出问题，根据本指导意见的要求尽快制定工作方案和配套措施，切实抓好落实推进工作。鼓励有条件的省（自治区、直辖市）通过出台地方法规、技术标准等方式，创新工作模式，率先在节水产品质量提升与推广普及工作中有所突破。

(四) 加强总结提升

各地水利、质监、节水部门要加强节水产品质量提升与推广普及情况的分析评估，及时向水利部、国家质检总局、全国节水办上报本地区节水产品质量提升与推广普及工作进展情况，不断探索符合水资源形势和需要的节水产品质量提升与推广普及新机制。

水利部

国家质检总局

全国节水办

2012 年 9 月 14 日

国家食品药品监督管理局关于加强胶囊剂药品及相关产品质量管理工作的通知

国食药监电〔2012〕18号

各省、自治区、直辖市食品药品监督管理局（药品监督管理局）：

近期铬超标药用胶囊问题反映出部分药品生产企业质量管理薄弱，尤其体现在原辅料及成品检验方面，一些企业不能按照有关规定进行逐批全项检验，导致不合格原辅料投入使用，不合格产品流入市场，危害公众利益。为确保药品、保健食品质量安全，切实加强药用明胶、药用胶囊、胶囊剂药品和保健食品生产企业的质量管理和检验工作，现就有关事项通知如下：

一、健全生产企业质量管理体系有关要求

药用明胶、药用胶囊、胶囊剂药品和保健食品生产企业应当健全企业质量管理体系，确保质量管理部门有效履行质量保证和质量控制职责。企业负责人及其他部门的人员不得干扰或妨碍质量管理部门履行职责。物料供应商的确定及变更应当进行质量评估或审计，并经企业质量管理部门批准。

药用明胶、药用胶囊和胶囊剂药品每批产品出厂销售前要进行全项检验并应符合国家有关标准。胶囊剂保健食品每批产品出厂销售前要按照产品质量安全要求进行检验并应符合国家有关标准。产品放行前，所有生产文件和记录，包括检验数据均应经质量管理部门审查并符合要求。不合格产品不得放行出厂。

二、加强药用明胶生产质量管理和检验有关要求

药用明胶生产企业应当制定生产所用物料购入、储存、使用等管理制度；应当制定原料（皮、骨、腱）质量标准，并向省级食品药品监管部门备案。企业应按质量标准对原料进行检验，以确保原料满足药用明胶生产的质量要求。检验合格的原料方可投料使用。

企业应当规范药用明胶的批号编制，针对本企业生产实际，制定批号编制的管理规定。每批产品必须是质量和特性符合规定限度的均质产品。为确保同一批次产品质量和特性的均一性，明胶生产批次的划分，一般应以一个混胶罐一次调胶所得产品为一个批号。

企业应当对每批药用明胶按《中国药典》（2010年版）标准进行全项检验，合格后方可入库、销售。

三、加强药用胶囊生产质量管理和检验的有关要求

药用胶囊生产企业必须从具有药用明胶生产资质的企业采购药用明胶。严禁购买非药用明胶用于生产。企业应当对购进的每批药用明胶按《中国药典》（2010年版）标准进行全项检验，合格后方可入库、投料。

企业应当规范药用胶囊的批号编制，针对本企业生产实际，制定批号编制的管理规定。每批产品必须是质量和特性符合规定限度的均质产品。为确保同一批次产品质量和特性的均一性，药用胶囊生产批次的划分，一般应以同一原料批号、同一配方、同一规格、同一工艺的日产或班产量为一个批号。

企业应当对每批药用胶囊按《中国药典》（2010年版）

标准进行全项检验,合格后方可入库、销售。

四、加强胶囊剂生产质量管理和检验的有关要求

胶囊剂药品、保健食品生产企业必须从具有药用胶囊批准文号的企业采购产品。企业应当对购进的每批药用胶囊按《中国药典》(2010年版)标准进行全项检验,合格后方可入库、使用。

企业应当对每批胶囊剂药品按国家药品标准进行全项检验,合格后方可入库、销售。

五、规范委托检验有关要求

药用明胶、药用胶囊和胶囊剂药品生产企业必须配备与所生产产品相适应的检验仪器设备和检验人员。2012年9月30日前,个别检验项目可以采取委托检验方式。委托方和受托方必须签订书面合同,明确规定各方责任、委托检验的内容及相关技术事项。委托方应当对受托方进行评估,对受托方的条件、技术水平、质量管理情况进行现场考核,确认其具有完成检验任务的能力。食品药品监管部门有权对受托方进行监督检查。采取委托检验方式的生产企业必须尽快具备对所生产产品进行全项检验的能力,自2012年10月1日起,不得进行委托检验。

以上要求自2012年5月1日起执行。凡达不到上述要求的企业,一律停止相关产品的生产,直至符合要求后方可恢复生产。各级食品药品监管部门要加大对药用明胶、药用胶囊、胶囊剂药品和保健食品生产企业的监督检查和抽验工作力度,凡发现企业违规生产的,坚决依法查处。

国家食品药品监督管理局

二〇一二年四月二十八日

中华人民共和国标准化法

中华人民共和国主席令
第七十八号

《中华人民共和国标准化法》已由中华人民共和国第十二届全国人民代表大会常务委员会第三十次会议于 2017 年 11 月 4 日修订通过，现将修订后的《中华人民共和国标准化法》公布，自 2018 年 1 月 1 日起施行。

中华人民共和国主席　习近平
2017 年 11 月 4 日

（1988 年 12 月 29 日第七届全国人民代表大会常务委员会第五次会议通过；根据 2017 年 11 月 4 日第十二届全国人民代表大会常务委员会第三十次会议修订）

第一章 总 则

第一条 为了加强标准化工作，提升产品和服务质量，促进科学技术进步，保障人身健康和生命财产安全，维护国家安全、生态环境安全，提高经济社会发展水平，制定本法。

第二条 本法所称标准（含标准样品），是指农业、工业、服务业以及社会事业等领域需要统一的技术要求。

标准包括国家标准、行业标准、地方标准和团体标准、企业标准。国家标准分为强制性标准、推荐性标准，行业标准、地方标准是推荐性标准。

强制性标准必须执行。国家鼓励采用推荐性标准。

第三条 标准化工作的任务是制定标准、组织实施标准以及对标准的制定、实施进行监督。

县级以上人民政府应当将标准化工作纳入本级国民经济和社会发展规划，将标准化工作经费纳入本级预算。

第四条 制定标准应当在科学技术研究成果和社会实践经验的基础上，深入调查论证，广泛征求意见，保证标准的科学性、规范性、时效性，提高标准质量。

第五条 国务院标准化行政主管部门统一管理全国标准化工作。国务院有关行政主管部门分工管理本部门、本行业的标准化工作。

县级以上地方人民政府标准化行政主管部门统一管理本行政区域内的标准化工作。县级以上地方人民政府有关行政主管部门分工管理本行政区域内本部门、本行业的标准化工作。

第六条 国务院建立标准化协调机制，统筹推进标准化重大改革，研究标准化重大政策，对跨部门跨领域、存在重大争议标准的制定和实施进行协调。

设区的市级以上地方人民政府可以根据工作需要建立标准化协调机制，统筹协调本行政区域内标准化工作重大事项。

第七条 国家鼓励企业、社会团体和教育、科研机构等开展或者参与标准化工作。

第八条 国家积极推动参与国际标准化活动，开展标准化对外合作与交流，参与制定国际标准，结合国情采用国际标准，推进中国标准与国外标准之间的转化运用。

国家鼓励企业、社会团体和教育、科研机构等参与国际标准化活动。

第九条 对在标准化工作中做出显著成绩的单位和个人，按照国家有关规定给予表彰和奖励。

第二章 标准的制定

第十条 对保障人身健康和生命财产安全、国家安全、生态环境安全以及满足经济社会管理基本需要的技术要求，应当制定强制性国家标准。

国务院有关行政主管部门依据职责负责强制性国家标准的项目提出、组织起草、征求意见和技术审查。国务院标准化行政主管部门负责强制性国家标准的立项、编号和对外通报。国务院标准化行政主管部门应当对拟制定的强制性国家标准是否符合前款规定进行立项审查，对符合前款规定的予以立项。

省、自治区、直辖市人民政府标准化行政主管部门可以向国务院标准化行政主管部门提出强制性国家标准的立项建议，由国务院标准化行政主管部门会同国务院有关行政主管部门决定。社会团体、企业事业组织以及公民可以向国务院标准化行政主管部门提出强制性国家标准的立项建议，国务院标准化行政主管部门认为需要立项的，会同国务院有关行政主管部门决定。

强制性国家标准由国务院批准发布或者授权批准发布。

法律、行政法规和国务院决定对强制性标准的制定另有规定的，从其规定。

第十一条 对满足基础通用、与强制性国家标准配套、对各有关行业起引领作用等需要的技术要求，可以制定推荐性国家标准。

推荐性国家标准由国务院标准化行政主管部门制定。

第十二条 对没有推荐性国家标准、需要在全国某个行业范围内统一的技术要求，可以制定行业标准。

行业标准由国务院有关行政主管部门制定，报国务院标准化行政主管部门备案。

第十三条 为满足地方自然条件、风俗习惯等特殊技术要求，可以制定地方标准。

地方标准由省、自治区、直辖市人民政府标准化行政主管部门制定；设区的市级人民政府标准化行政主管部门根据本行政区域的特殊需要，经所在地省、自治区、直辖市人民政府标准化行政主管部门批准，可以制定本行政区域的地方标准。地方标准由省、自治区、直辖市人民政府标准化行政主管部门报国务院标准化行政主管部门备案，由国务院标准化行政主管部门通报国务院有关行政主管部门。

第十四条 对保障人身健康和生命财产安全、国家安全、生态环境安全以及经济社会发展所急需的标准项目，制定标准的行政主管部门应当优先立项并及时完成。

　　第十五条　制定强制性标准、推荐性标准，应当在立项时对有关行政主管部门、企业、社会团体、消费者和教育、科研机构等方面的实际需求进行调查，对制定标准的必要性、可行性进行论证评估；在制定过程中，应当按照便捷有效的原则采取多种方式征求意见，组织对标准相关事项进行调查分析、实验、论证，并做到有关标准之间的协调配套。

　　第十六条　制定推荐性标准，应当组织由相关方组成的标准化技术委员会，承担标准的起草、技术审查工作。制定强制性标准，可以委托相关标准化技术委员会承担标准的起草、技术审查工作。未组成标准化技术委员会的，应当成立专家组承担相关标准的起草、技术审查工作。标准化技术委员会和专家组的组成应当具有广泛代表性。

　　第十七条　强制性标准文本应当免费向社会公开。国家推动免费向社会公开推荐性标准文本。

　　第十八条　国家鼓励学会、协会、商会、联合会、产业技术联盟等社会团体协调相关市场主体共同制定满足市场和创新需要的团体标准，由本团体成员约定采用或者按照本团体的规定供社会自愿采用。

　　制定团体标准，应当遵循开放、透明、公平的原则，保证各参与主体获取相关信息，反映各参与主体的共同需求，并应当组织对标准相关事项进行调查分析、实验、论证。

　　国务院标准化行政主管部门会同国务院有关行政主管部门对团体标准的制定进行规范、引导和监督。

　　第十九条　企业可以根据需要自行制定企业标准，或者与其他企业联合制定企业标准。

第二十条 国家支持在重要行业、战略性新兴产业、关键共性技术等领域利用自主创新技术制定团体标准、企业标准。

第二十一条 推荐性国家标准、行业标准、地方标准、团体标准、企业标准的技术要求不得低于强制性国家标准的相关技术要求。

国家鼓励社会团体、企业制定高于推荐性标准相关技术要求的团体标准、企业标准。

第二十二条 制定标准应当有利于科学合理利用资源,推广科学技术成果,增强产品的安全性、通用性、可替换性,提高经济效益、社会效益、生态效益,做到技术上先进、经济上合理。

禁止利用标准实施妨碍商品、服务自由流通等排除、限制市场竞争的行为。

第二十三条 国家推进标准化军民融合和资源共享,提升军民标准通用化水平,积极推动在国防和军队建设中采用先进适用的民用标准,并将先进适用的军用标准转化为民用标准。

第二十四条 标准应当按照编号规则进行编号。标准的编号规则由国务院标准化行政主管部门制定并公布。

第三章 标准的实施

第二十五条 不符合强制性标准的产品、服务,不得生产、销售、进口或者提供。

第二十六条 出口产品、服务的技术要求,按照合同的约定执行。

第二十七条 国家实行团体标准、企业标准自我声明公开和监督制度。企业应当公开其执行的强制性标准、推荐性标准、团体标准或者企业标准的编号和名称；企业执行自行制定的企业标准的，还应当公开产品、服务的功能指标和产品的性能指标。国家鼓励团体标准、企业标准通过标准信息公共服务平台向社会公开。

企业应当按照标准组织生产经营活动，其生产的产品、提供的服务应当符合企业公开标准的技术要求。

第二十八条　企业研制新产品、改进产品，进行技术改造，应当符合本法规定的标准化要求。

第二十九条　国家建立强制性标准实施情况统计分析报告制度。

国务院标准化行政主管部门和国务院有关行政主管部门、设区的市级以上地方人民政府标准化行政主管部门应当建立标准实施信息反馈和评估机制，根据反馈和评估情况对其制定的标准进行复审。标准的复审周期一般不超过五年。经过复审，对不适应经济社会发展需要和技术进步的应当及时修订或者废止。

第三十条　国务院标准化行政主管部门根据标准实施信息反馈、评估、复审情况，对有关标准之间重复交叉或者不衔接配套的，应当会同国务院有关行政主管部门作出处理或者通过国务院标准化协调机制处理。

第三十一条　县级以上人民政府应当支持开展标准化试点示范和宣传工作，传播标准化理念，推广标准化经验，推动全社会运用标准化方式组织生产、经营、管理和服务，发挥标准对促进转型升级、引领创新驱动的支撑作用。

第四章　监督管理

第三十二条　县级以上人民政府标准化行政主管部门、

有关行政主管部门依据法定职责，对标准的制定进行指导和监督，对标准的实施进行监督检查。

第三十三条 国务院有关行政主管部门在标准制定、实施过程中出现争议的，由国务院标准化行政主管部门组织协商；协商不成的，由国务院标准化协调机制解决。

第三十四条 国务院有关行政主管部门、设区的市级以上地方人民政府标准化行政主管部门未依照本法规定对标准进行编号、复审或者备案的，国务院标准化行政主管部门应当要求其说明情况，并限期改正。

第三十五条 任何单位或者个人有权向标准化行政主管部门、有关行政主管部门举报、投诉违反本法规定的行为。

标准化行政主管部门、有关行政主管部门应当向社会公开受理举报、投诉的电话、信箱或者电子邮件地址，并安排人员受理举报、投诉。对实名举报人或者投诉人，受理举报、投诉的行政主管部门应当告知处理结果，为举报人保密，并按照国家有关规定对举报人给予奖励。

第五章　法律责任

第三十六条 生产、销售、进口产品或者提供服务不符合强制性标准，或者企业生产的产品、提供的服务不符合其公开标准的技术要求的，依法承担民事责任。

第三十七条 生产、销售、进口产品或者提供服务不符合强制性标准的，依照《中华人民共和国产品质量法》、《中华人民共和国进出口商品检验法》、《中华人民共和国消费者权益保护法》等法律、行政法规的规定查处，记入信用记录，并依照有关法律、行政法规的规定予以公示；构成犯罪的，依法追究刑事责任。

第三十八条 企业未依照本法规定公开其执行的标准的，由标准化行政主管部门责令限期改正；逾期不改正的，在标准信息公共服务平台上公示。

第三十九条 国务院有关行政主管部门、设区的市级以上地方人民政府标准化行政主管部门制定的标准不符合本法第二十一条第一款、第二十二条第一款规定的，应当及时改正；拒不改正的，由国务院标准化行政主管部门公告废止相关标准；对负有责任的领导人员和直接责任人员依法给予处分。

社会团体、企业制定的标准不符合本法第二十一条第一款、第二十二条第一款规定的，由标准化行政主管部门责令限期改正；逾期不改正的，由省级以上人民政府标准化行政主管部门废止相关标准，并在标准信息公共服务平台上公示。

违反本法第二十二条第二款规定，利用标准实施排除、限制市场竞争行为的，依照《中华人民共和国反垄断法》等法律、行政法规的规定处理。

第四十条 国务院有关行政主管部门、设区的市级以上地方人民政府标准化行政主管部门未依照本法规定对标准进行编号或者备案，又未依照本法第三十四条的规定改正的，由国务院标准化行政主管部门撤销相关标准编号或者公告废止未备案标准；对负有责任的领导人员和直接责任人员依法给予处分。

国务院有关行政主管部门、设区的市级以上地方人民政府标准化行政主管部门未依照本法规定对其制定的标准进行复审，又未依照本法第三十四条的规定改正的，对负有责任的领导人员和直接责任人员依法给予处分。

第四十一条 国务院标准化行政主管部门未依照本法第十条第二款规定对制定强制性国家标准的项目予以立项，制定的标准不符合本法第二十一条第一款、第二十二条第一款规定，或者未依照本法规定对标准进行编号、复审或者予以备案的，应当及时改正；对负有责任的领导人员和直接责任人员可以依法给予处分。

第四十二条 社会团体、企业未依照本法规定对团体标准或者企业标准进行编号的，由标准化行政主管部门责令限期改正；逾期不改正的，由省级以上人民政府标准化行政主管部门撤销相关标准编号，并在标准信息公共服务平台上公示。

第四十三条 标准化工作的监督、管理人员滥用职权、玩忽职守、徇私舞弊的，依法给予处分；构成犯罪的，依法追究刑事责任。

第六章 附 则

第四十四条 军用标准的制定、实施和监督办法，由国务院、中央军事委员会另行制定。

第四十五条 本法自 2018 年 1 月 1 日起施行。

产品质量监督抽查管理办法

国家质量监督检验检疫总局令

第 133 号

《产品质量监督抽查管理办法》经 2010 年 11 月 23 日国家质量监督检验检疫总局局务会议审议通过，现予公布，自 2011 年 2 月 1 日起施行。

国家质量监督检验检疫总局局长

二〇一〇年十二月二十九日

第一章 总 则

第一条 为规范产品质量监督抽查（以下简称监督抽查）工作，根据《中华人民共和国产品质量法》等法律法规规定，制定本办法。

第二条 本办法所称监督抽查是指质量技术监督部门为

监督产品质量,依法组织对在中华人民共和国境内生产、销售的产品进行有计划的随机抽样、检验,并对抽查结果公布和处理的活动。

第三条 监督抽查分为由国家质量监督检验检疫总局(以下简称国家质检总局)组织的国家监督抽查和县级以上地方质量技术监督部门组织的地方监督抽查。

第四条 监督抽查应当遵循科学、公正原则。

第五条 国家质检总局统一规划、管理全国监督抽查工作;负责组织实施国家监督抽查工作;汇总、分析并通报全国监督抽查信息。

省级质量技术监督部门统一管理、组织实施本行政区域内的地方监督抽查工作;负责汇总、分析并通报本行政区域监督抽查信息;负责本行政区域国家和地方监督抽查产品质量不合格企业的处理及其他相关工作;按要求向国家质检总局报送监督抽查信息。

第六条 监督抽查的产品主要是涉及人体健康和人身、财产安全的产品,影响国计民生的重要工业产品以及消费者、有关组织反映有质量问题的产品。

第七条 监督抽查不得向被抽查企业收取检验费用。国家监督抽查和地方监督抽查所需费用由同级财政部门安排专项经费解决。

第八条 对依法进行的监督抽查,企业予以应当配合、协助,不得以任何形式阻碍、拒绝监督抽查工作。

第九条 凡经上级部门监督抽查产品质量合格的,自抽样之日起6个月内,下级部门对该企业的该种产品不得重复进行监督抽查，依据有关规定为应对突发事件开展的监督抽查除外。

第十条 组织监督抽查的质量技术监督部门（以下简称组织监督抽查的部门）负责发布监督抽查信息。未经批准，任何单位和个人不得擅自发布监督抽查信息。

监督抽查信息发布办法由省级以上质量技术监督部门负责组织制定。

第二章 监督抽查的组织

第十一条 国家质检总局负责制定年度国家监督抽查计划，并通报省级质量技术监督部门。

省级质量技术监督部门负责制定本行政区域年度监督抽查计划，报国家质检总局备案。

第十二条 组织监督抽查的部门应当依据法律法规的规定，指定有关部门或者委托具有法定资质的产品质量检验机构（以下简称检验机构）承担监督抽查相关工作。

委托检验机构承担监督抽查相关工作的，组织监督抽查的部门应当与被委托的检验机构签订行政委托协议书，明确双方的权利、义务、违约责任等内容。

被委托的检验机构应当保证所承担监督抽查相关工作的科学、公正、准确，如实上报检验结果和检验结论，并对检验工作负责，不得分包检验任务，未经组织监督抽查的部门批准，不得租赁或者借用他人检测设备。

组织监督抽查的部门应当加强对抽样人员和检验机构的

监督管理，制定相应的考核办法，对监督抽查实施过程及相关机构和人员开展监督检查。对存在违反本办法相关规定的检验机构，必要时可暂停其3年承担监督抽查任务资格，并按照第四章的有关规定处罚。

第十三条 国家质检总局依据法律法规、有关标准、国家相关规定等制定并公告发布产品质量监督抽查实施规范（以下简称实施规范），作为实施监督抽查的工作规范。

组织监督抽查的部门，可以根据监管工作需要，依据实施规范确定具体抽样检验项目和判定要求。

对尚未制定实施规范的产品，需要组织实施监督抽查时，组织监督抽查的部门应当制定实施细则。

第十四条 组织监督抽查的部门应当根据监督抽查计划，制定监督抽查方案，将监督抽查任务下达所指定的部门或者委托的检验机构。监督抽查方案应当包括以下内容：

（一）适用的实施规范或者制定的实施细则；
（二）抽查产品范围和检验项目；
（三）拟抽查企业名单或者范围。

第三章 监督抽查的实施

第一节 抽 样

第十五条 抽样人员应当是承担监督抽查的部门或者检验机构的工作人员。抽样人员应当熟悉相关法律、法规、标准和有关规定，并经培训考核合格后方可从事抽样工作。

第十六条 抽样人员不得少于2名。抽样前，应当向被抽查企业出示组织监督抽查的部门开具的监督抽查通知书或者相关文件复印件和有效身份证件，向被抽查企业告知监督抽查性质、抽查产品范围、实施规范或者实施细则等相关信息后，再进行抽样。

抽样人员应当核实被抽查企业的营业执照信息，确定企业持照经营。对依法实施行政许可、市场准入和相关资质管理的产品，还应当核实被抽查企业的相关法定资质，确认抽查产品在企业法定资质允许范围内后，再进行抽样。

抽样人员现场发现被抽查企业存在无证无照生产等不需检验即可判定明显违法的行为，应当终止抽查，并及时将有关情况报送当地质量技术监督部门和相关部门进行处理。

抽样人员抽样时，应当公平、公正，不徇私情。

第十七条　监督抽查的样品应当由抽样人员在市场上或者企业成品仓库内待销的产品中随机抽取，不得由企业抽样。抽取的样品应当是有产品质量检验合格证明或者以其他形式表明合格的产品。

监督抽查的样品由被抽查企业无偿提供，抽取样品应当按有关规定的数量抽取，没有具体数量规定的，抽取样品不得超过检验的合理需要。

第十八条　有下列情形之一的，抽样人员不得抽样：

（一）被抽查企业无监督抽查通知书或者相关文件复印件所列产品的；

（二）有充分证据证明拟抽查的产品是不用于销售的；

（三）产品不涉及强制性标准要求，仅按双方约定的技术要求加工生产，且未执行任何标准的；

（四）有充分证据证明拟抽查的产品为企业用于出口，并且出口合同对产品质量另有规定的；

（五）产品或者标签、包装、说明书标有"试制"、"处理"或者"样品"等字样的；

（六）产品抽样基数不符合抽查方案要求的。

第十九条 有下列情形之一的，被抽查企业可以拒绝接受抽查：

（一）抽样人员少于2人的；

（二）抽样人员无法出具监督抽查通知书、相关文件复印件或者有效身份证件的；

（三）抽样人员姓名与监督抽查通知书不符的；

（四）被抽查企业和产品名称与监督抽查通知书不一致的；

（五）要求企业支付检验费或者其他任何费用的。

第二十条 抽样人员封样时，应当采取防拆封措施，以保证样品的真实性。

第二十一条 抽样人员应当使用规定的抽样文书，详细记录抽样信息。抽样文书必须由抽样人员和被抽查企业有关人员签字，并加盖被抽查企业公章。对特殊情况，双方签字确认即可。

抽样文书应当字迹工整、清楚，容易辨认，不得随意涂改，需要更改的应当由双方签字确认。

抽样文书分别留存企业和检验机构，并报送组织监督抽查的部门。国家监督抽查抽样文书同时由承担抽样工作的检验机构报送企业所在地的省级质量技术监督部门。

第二十二条 因企业转产、停产、破产等原因导致无样品可以抽取的,抽样人员应当收集有关证明材料,如实记录相关情况,并经当地质量技术监督部门确认后,及时上报组织监督抽查的部门。

第二十三条 抽取的样品需送至承担检验工作的检验机构的,应当由抽样人员负责携带或者寄送。需要企业协助寄、送样品时,所需费用纳入监督抽查经费。对于易碎品、危险化学品、有特殊贮存条件等要求的样品,抽样人员应当采取措施,保证样品运输过程中状态不发生变化。

抽取的样品需要封存在企业的,由被检企业妥善保管。企业不得擅自更换、隐匿、处理已抽查封存的样品。

第二十四条 被抽查企业无正当理由拒绝监督抽查的,抽样人员应当填写拒绝监督抽查认定表,列明企业拒绝监督抽查的情况,由当地质量技术监督部门和抽样人员共同确认,并报组织监督抽查的部门。

第二十五条 在市场抽取样品的,抽样单位应当书面通知产品包装或者铭牌上标称的生产企业,依据第十六条第二款规定确认企业和产品的相关信息。

生产企业对需要确认的样品有异议的,应当于接到通知之日起 15 日内向组织监督抽查的部门或者其委托的异议处理机构提出,并提供证明材料。逾期无书面回复的,视为无异议。

组织监督抽查的部门应当核查生产企业提出的异议。样品不是产品标称的生产企业生产的,移交销售企业所在地的相关部门依法处理。

第二节 检 验

第二十六条 检验机构接收样品时应当检查、记录样品的外观、状态、封条有无破损及其他可能对检验结果或者综合判定产生影响的情况，并确认样品与抽样文书的记录是否相符，对检验和备用样品分别加贴相应标识后入库。

在不影响样品检验结果的情况下，应当尽可能将样品进行分装或者重新包装编号，以保证不会发生因其他原因导致不公正的情况。

第二十七条 检验机构应当妥善保存样品。制定并严格执行样品管理程序文件，详细记录检验过程中的样品传递情况。

第二十八条 检验过程中遇有样品失效或者其他情况致使检验无法进行的，检验机构必须如实记录即时情况，提供充分的证明材料，并将有关情况上报组织监督抽查的部门。

第二十九条 检验原始记录必须如实填写，保证真实、准确、清晰，并留存备查；不得随意涂改，更改处应当经检验人员和报告签发人共同确认。

第三十条 对需要现场检验的产品，检验机构应当制定现场检验规程，并保证对同一产品的所有现场检验遵守相同的规程。

第三十一条 除第二十八条所列情况外，检验机构应当出具抽查检验报告，检验报告应当内容真实齐全、数据准确、结论明确。

检验机构应当对其出具的检验报告的真实性、准确性负责。禁止伪造检验报告或者其数据、结果。

第三十二条 检验工作结束后，检验机构应当在规定的时间内将检验报告及有关情况报送组织监督抽查的部门。国家监督抽查同时抄送生产企业所在地的省级质量技术监督部门。

第三十三条 检验结果为合格的样品应当在检验结果异议期满后及时退还被抽查企业。检验结果为不合格的样品应当在检验结果异议期满三个月后退还被抽查企业。

样品因检验造成破坏或者损耗而无法退还的，应当向被抽查企业说明情况。被抽查企业提出样品不退还的，可以由双方协商解决。

第三节 异议复检

第三十四条 组织监督抽查的部门应当及时将检验结果和被抽查企业的法定权利书面告知被抽查企业，也可以委托检验机构告知。

在市场上抽样的，应当同时书面告知销售企业和生产企业，并通报被抽查产品生产企业所在地的质量技术监督部门。

第三十五条 被抽查企业对检验结果有异议的，可以自收到检验结果之日起15日内向组织监督抽查的部门或者其上级质量技术监督部门提出书面复检申请。逾期未提出异议的，视为承认检验结果。

第三十六条 质量技术监督部门应当依法处理企业提出的异议，也可以委托下一级质量技术监督部门或者指定的检验机构处理企业提出的异议。

对需要复检并具备检验条件的,处理企业异议的质量技术监督部门或者指定检验机构应当按原监督抽查方案对留存的样品或抽取的备用样品组织复检,并出具检验报告,于检验工作完成后10日内作出书面答复。复检结论为最终结论。

第三十七条 复检结论表明样品合格的,复检费用列入监督抽查经费。复检结论表明样品不合格的,复检费用由样品生产者承担。

第三十八条 检验机构应当将复检结果及时报送组织监督抽查的部门。国家监督抽查应当同时抄报企业所在地省级质量技术监督部门。

第四节 结果处理

第三十九条 组织监督抽查的部门应当汇总分析监督抽查结果,依法向社会发布监督抽查结果公告,向地方人民政府、上级主管部门和同级有关部门通报监督抽查情况。对无正当理由拒绝接受监督抽查的企业,予以公布。

对监督抽查发现的重大质量问题,组织监督抽查的部门应当向同级人民政府进行专题报告,同时报上级主管部门。

第四十条 负责监督抽查结果处理的质量技术监督部门(以下简称负责后处理的部门)应当向抽查不合格产品生产企业下达责令整改通知书,限期改正。

监督抽查不合格产品生产企业,除因停产、转产等原因不再继续生产的,或者因迁址、自然灾害等情况不能正常办公且能够提供有效证明的以外，必须进行整改。

企业应当自收到责令整改通知书之日起，查明不合格产品产生的原因，查清质量责任，根据不合格产品产生的原因和负责后处理的部门提出的整改要求，制定整改方案，在30日内完成整改工作，并向负责后处理的部门提交整改报告，提出复查申请；企业不能按期完成整改的，可以申请延期一次，并应在整改期满5日前申请延期，延期不得超过30日；确因不能正常办公而造成暂时不能进行整改的企业，应当办理停业证明，停止同类产品的生产，并在办公条件正常后，按要求进行整改、复查。企业在整改复查合格前，不得继续生产销售同一规格型号的产品。

第四十一条　监督抽查不合格产品生产企业应当自收到检验报告之日起停止生产、销售不合格产品，对库存的不合格产品及检验机构按照本办法第三十三条的规定退回的不合格样品进行全面清理；对已出厂、销售的不合格产品依法进行处理，并向负责后处理的部门书面报告有关情况。

对因标签、标志或者说明书不符合产品安全标准的产品，生产企业在采取补救措施且能保证产品安全的情况下，方可继续销售。

监督抽查的产品有严重质量问题的，依照本办法第四章的有关规定处罚。

第四十二条　负责后处理的部门接到企业复查申请后，应当在15日内组织符合法定资质的检验机构按照原监督抽查方案进行抽样复查。

监督抽查不合格产品生产企业整改到期无正当理由不申

请复查的,负责后处理的部门应当组织进行强制复查。

复查检验费用由不合格产品生产企业承担。

第四十三条 监督抽查不合格产品生产企业有下列逾期不改正的情形的,由省级以上质量技术监督部门向社会公告:

(一)监督抽查产品质量不合格,无正当理由拒绝整改的;

(二)监督抽查产品质量不合格,在整改期满后,未提交复查申请,也未提出延期复查申请的;

(三)企业在规定期限内向负责后处理的部门提交了整改报告和复查申请,但并未落实整改措施且产品经复查仍不合格的。

第四十四条 监督抽查发现产品存在区域性、行业性质量问题,或者产品质量问题严重的,负责后处理的部门可以会同有关部门,组织召开质量分析会,督促企业整改。

第四十五条 各级质量技术监督部门应当加强对监督抽查不合格产品生产企业的跟踪检查。

第四十六条 监督抽查不合格产品及其企业的质量问题属于其他行政管理部门处理的,组织监督抽查的部门应当转交相关部门处理。

第四章 法律责任

第四十七条 企业无正当理由拒绝接受依法进行的监督抽查的,由所在地质量技术监督部门按照《中华人民共和国产品质量法》第五十六条规定处理。

第四十八条 被抽查企业违反本办法第二十三条规定，擅自更换、隐匿、处理已抽查封存的样品的，由所在地质量技术监督部门处以3万元以下罚款。

第四十九条 监督抽查不合格产品生产企业违反本办法第四十一条规定，收到检验报告后未立即停止生产和销售不合格产品的，由所在地质量技术监督部门按照《中华人民共和国产品质量法》第四十九条、第五十条、第五十一条、第六十条规定处理。

第五十条 监督抽查不合格产品生产企业经复查其产品仍然不合格的，由所在地质量技术监督部门责令企业在30日内进行停业整顿；整顿期满后经再次复查仍不合格的，通报有关部门吊销相关证照。

第五十一条 监督抽查发现产品存在严重质量问题的，由生产企业所在地质量技术监督部门按照《中华人民共和国产品质量法》第四十九条、第五十条、第五十一条、第六十条规定处理。

第五十二条 检验机构违反本办法第十二条、第三十二条和第三十八条规定，分包检验任务的，或者未经组织监督抽查部门批准，租借他人检测设备的，或者未按规定及时报送检验报告及有关情况和复检结果的，由组织监督抽查的部门责令改正；情节严重或者拒不改正的，由所在地质量技术监督部门处3万元以下罚款。

第五十三条 检验机构违反本办法第三十一条规定，伪造检验结果的，由所在地质量技术监督部门按照《中华人民共和国产品质量法》第五十七条规定处理。

第五十四条 组织监督抽查的部门违反本办法第九条规定,重复进行监督抽查的,由上级主管部门或者监察机关责令改正;情节严重的,对直接负责的主管人员和其他直接责任人员依法给予行政处分。

第五十五条 组织监督抽查的部门违反第十五条至二十五条规定,违规抽样的,由上级主管部门或者监察机关责令改正;情节严重或者拒不改正的,对直接负责的主管人员和其他直接责任人员依法给予行政处分。

检验机构有前款所列行为的,由组织监督抽查的部门责令改正;情节严重或者拒不改正的,由所在地质量技术监督部门处3万元以下罚款。

第五十六条 组织监督抽查的部门违反本办法第七条和第十七条规定,向被抽查企业收取费用或者超过规定的数量索取样品的,由上级主管部门或者监察机关按照《中华人民共和国产品质量法》第六十六条规定处理。

检验机构有前款所列行为的,由组织监督抽查的部门责令改正;情节严重或者拒不改正的,由所在地质量技术监督部门处3万元以下罚款;涉嫌犯罪的,移交司法机关处理。

第五十七条 参与监督抽查的产品质量监督部门及其工作人员,有下列违反法律、法规规定和有关纪律要求的情形,由组织监督抽查的部门或者上级主管部门和监察机关责令改正;情节严重或者拒不改正的,依法给予行政处分;涉嫌犯罪的,移交司法机关处理。

(一)违反第十条规定,擅自发布监督抽查信息;

(二)在开展抽样工作前事先通知被抽查企业;

（三）接受被抽查企业的馈赠；

（四）在实施监督抽查期间，与企业签订同类产品的有偿服务协议或者接受企业同种产品的委托检验；

（五）利用监督抽查结果参与有偿活动，开展产品推荐、评比活动，向被监督抽查企业发放监督抽查合格证书或牌匾；

（六）利用抽查工作之便牟取其他不正当利益。

检验机构有前款所列行为的，由组织监督抽查的部门责令改正；情节严重或者拒不改正的，由所在地质量技术监督部门处3万元以下罚款；涉嫌犯罪的，移交司法机关处理。

第五十八条　组织监督抽查的部门和承担监督抽查任务的检验机构，向社会推荐生产者的产品或者以监制、监销等方式参与产品生产经营活动的，按照《中华人民共和国产品质量法》第六十七条规定处理。

第五章　附　则

第五十九条　《中华人民共和国食品安全法》及其实施条例对食品监督抽查另有相关规定的，从其规定。

第六十条　国家监督抽查不合格产品生产企业注册地与实际经营地不在同一省（自治区、直辖市）的，可以由企业注册地的相应省级质量技术监督部门与企业实际经营地所在省级质量技术监督部门进行协商，共同开展处理工作。有关处理结果由企业注册所在地的省级质量技术监督部门负责汇总。

地方监督抽查不合格产品生产企业注册地与实际经营地

不在同一市（地、州）的，可以参照上款规定，由相应的市级质量技术监督部门负责处理工作和处理结果汇总工作。

第六十一条　组织地方监督抽查中，发现不合格产品生产企业在其他省（自治区、直辖市）的，应当由本省（自治区、直辖市）质量技术监督部门移交企业所在地同级质量技术监督部门；在本省（自治区、直辖市）内的其他市（地、州）的，应当由市级质量技术监督部门移交企业所在地同级质量技术监督部门。

第六十二条　本办法由国家质检总局负责解释。

第六十三条　本办法自2011年2月1日起施行。2001年12月发布的《产品质量国家监督抽查管理办法》同时废止。

工业企业产品质量分类
监管试行办法

国家质量监督检验检疫总局关于公布
《工业企业产品质量分类监管试行办法》的公告
2012年第74号

为加强工业产品质量监督管理，提高产品质量监管效能，督促工业企业落实产品质量安全主体责任，根据《中华人民共和国产品质量法》、《国务院关于加强食品等产品安全监督管理的特别规定》、《中华人民共和国工业产品生产许可证管理条例》等有关规定，国家质检总局制定了《工业企业产品质量分类监管试行办法》，现予以公布。各省（区、市）质量技术监督部门应结合本地实际，抓好贯彻实施。

二〇一二年五月八日

第一章 总 则

第一条 为了指导地方质量技术监督部门（以下简称质监部门）加强产品质量监督，提高监管效能，督促生产企业落实质量安全主体责任，根据《中华人民共和国产品质量法》、《国务院关于加强食品等产品安全监督管理的特别规定》、《中华人民共和国工业产品生产许可证管理条例》、《中华人民共和国认证认可条例》等有关法律法规，制定本办法。

第二条 本办法适用于对涉及公共安全、人体健康和生命财产安全的重要工业产品生产企业（有关法律法规和职能分工明确由质监部门负责产品质量监督的企业）实施产品质量监督的分类管理。食品、食品添加剂、食品相关产品、化妆品、计量器具以及特种设备生产企业的监管不适用本办法。有其他专门规定的从其规定。

第三条 本办法所称分类监管，是指质监部门根据产品质量安全风险程度、企业履行产品质量主体责任情况和实现程度，在对企业分类的基础上，为履行产品质量监督职能所实行的综合监管模式。

第四条 分类监管工作遵循统一管理、分步实施、科学高效、公平公正的原则。

第五条 国家质量监督检验检疫总局（以下简称国家质检总局）管理和指导全国工业企业产品质量分类监管工作（以下简称分类监管工作），制定企业分类原则和监管制度，负责对各省（自治区、直辖市）质监部门实施分类监管工作情况进行监督检查。

各省（自治区、直辖市）质监部门（以下简称省级质监部门）按照本办法要求，结合本行政区域实际，制定本行政区域分类监管实施办法，组织实施本行政区域的分类监管工作，建立分类监管工作信息管理系统。各市（区）、县质监部门（以下简称基层质监部门）根据本地实际，具体负责开展企业分类、实施监管措施等工作。

第六条 从事分类监管工作的机构和人员应当忠于职守、勇于负责、依法行政、严格监管。

第二章 企业分类

第七条 企业分类是质监部门为实施产品质量分类监管措施，依据《工业企业产品质量分类监管通用规则》（以下简称《通用规则》，见附件），对企业履行产品质量主体责任的保障能力和实现程度进行分类的活动。

第八条 《通用规则》是基层质监部门对企业进行分类以及监督检查的主要依据。省级质监部门应结合本地监管工作实际，制定《通用规则》实施细则。

第九条 《通用规则》规定的分类监管信息主要包括产品质量安全风险程度信息、企业履行产品质量主体责任等信息。

第十条 省级质监部门负责本行政区域内企业分类信息的监督管理。基层质监部门依据《通用规则》和实施细则，主要通过日常监管活动收集辖区企业的分类信息，并负责核实和更新。

第十一条 依据《通用规则》，企业履行产品质量主体责任的保障能力和实现程度分为：AA、A、B、C等四个类别。

AA类企业：是指履行产品质量主体责任的保障能力强和实现程度好的优秀自律企业，能够认真遵守法律法规，有效运行质量管理体系，积极承担质量安全责任，保持产品质量持续稳定合格；

A类企业：是指履行产品质量主体责任的保障能力较强和实现程度较好的良好自律企业，能够自觉遵守产品质量法律法规，有效运行产品质量管理体系，保持产品质量持续稳定合格；

B类企业：是指具有基本的履行产品质量保障能力的企业，产品质量基本保持稳定，无经查实的媒体曝光和消费者反映强烈的产品质量问题；

C类企业：是指履行产品质量主体责任保障能力较差的企业，在近3年省级以上产品质量监督抽查中出现2次（含）以上不合格情况，或存在拒绝产品质量监督抽查行为，或存在产品质量行政处罚记录，或存在经查实的媒体曝光及消费者反映强烈的产品质量问题。

所有企业必须完整真实地保存履行产品质量主体责任的记录。

第十二条 基层质监部门依据《通用规则》和实施细则，对辖区企业进行分类，并将企业分类报上级质监部门备案。

第十三条 企业分类情况属产品质量监督工作信息。企业不得将分类结果印制于产品标志,不得用于广告、宣传等商业目的。

第三章 分类监管方式

第十四条 基层质监部门根据企业分类情况,结合本辖区企业实际,对企业实施的监督检查形式主要包括:产品质量监督抽查、定期监督检查、专项监督检查和回访。

第十五条 定期监督检查是指质监部门有计划地对企业进行的监督检查和日常巡查。为避免重复检查,原则上由省级质监部门统一制定本行政区域的定期监督检查或日常巡查计划,由基层质监部门依据《通用规则》和实施细则规定的项目对企业实施定期监督检查。

第十六条 专项监督检查是指质监部门对产品质量安全问题突出的重点产品、重点企业和重点行业,开展的专门性监督检查。

第十七条 回访是基层质监部门对监督检查中发现的企业产品质量问题、质量违法行为整改落实情况的核查。

第十八条 基层质监部门按省级质监部门制定的实施办法,结合本地实际确定对不同类别的企业实施不同的监督检查形式。原则要求如下:

(一)对 AA 类企业实施信用监管方式,主要监督检查企业落实自我承诺情况。

1. 企业每年定期向质监部门报告自我承诺落实情况,积极回应、有效解决社会各方面反映的产品质量问题;

2. 质监部门根据需要对企业自我承诺落实情况进行监督检查；

3. 质监部门支持其积极落实产品质量主体责任，优先推荐其申报政府质量奖等质量奖励。

（二）对 A 类企业实施责任监管方式，主要监督企业落实产品质量主体责任情况。

1. 企业每年定期向质监部门报告产品质量主体责任落实情况，积极回应、有效解决社会各方面反映的产品质量问题；

2. 质监部门根据监管需要及社会反馈信息对企业落实产品质量主体责任情况进行监督检查；

3. 质监部门指导和支持其不断提升履行产品质量主体责任的能力。

（三）对 B 类企业实施常态监管方式，主要采取以下监管措施：

1. 企业每年定期向质监部门报告产品质量主体责任落实情况，积极回应和解决社会各方面反映的产品质量问题；

2. 质监部门根据本地实际开展监督检查；

3. 质监部门指导企业不断完善质量管理、检验检测、计量和标准体系，增强履行产品质量主体责任的意识和能力。

（四）对 C 类企业实施加严监管方式，根据产品风险程度和企业实际，主要采取以下监管措施：

1. 企业每年定期向质监部门报告产品质量主体责任落实情况，积极回应和解决社会各方面反映的产品质量问题；

2. 质监部门将其列为本辖区重点监管企业；

3. 质监部门根据实际情况，按照加严监管的要求开展监督检查。

4. 根据监督检查情况，对未有效履行产品质量主体责任的企业负责人进行履责约谈，并责令企业限期整改。

5. 对已经获得的质量奖励和其他质量扶持政策，依据相关规定取消或建议有关部门予以取消。

第十九条 基层质监部门对企业实施监督检查时，可依法采取查阅资料、现场核查、产品抽样检验等方式。实施监督检查不得影响企业正常生产经营，不得谋取不正当利益。企业应当依法主动配合监督检查，如实提供有关资料、回答相关询问。

第二十条 国家质检总局根据工业产品质量安全风险信息开展风险等级评估，将工业产品质量按风险程度分为Ⅰ级（高风险）、Ⅱ级（较高风险）、Ⅲ级（一般风险），并动态发布重点工业产品质量监督目录。质监部门结合辖区内工业产品及企业实际进行评估后，可以增加本地区的Ⅰ级（高风险）和Ⅱ级（较高风险）产品目录。

基层质监部门对确定为Ⅰ级（高风险）产品的生产企业应按照从严监管的原则，将监管方式按照本办法第十八条有关规定相应下调一级；对确定为Ⅱ级（较高风险）和Ⅲ级（一般风险）产品的生产企业，可结合辖区内的实际情况，适当调整监管方式。

第二十一条 质监部门结合监督检查情况，根据本办法规定的职责权限，对企业的分类和分类监管方式实行动态调整。调整周期原则上为1年。对企业的分类不允许越级上升，但可以越级下降。企业出现下列情形之一的，应当作降级处理，并相应调整监管方式：

（一）违反相关质量法律法规规定，受到行政处罚的；

（二）企业质量保证能力存在严重隐患的；

（三）产品质量监督抽查出现不合格的；

（四）发生经查实的消费者反响强烈或新闻媒体曝光的产品质量问题的；

（五）出现其他应当降级处理情况的。

第二十二条 质监部门在实施分类监管中发现企业存在质量违法行为的，应依照相关法律法规处理。

第四章 附 则

第二十三条 本办法规定的分类监管是对企业履行产品质量主体责任的综合监管模式，不代替相关法律法规规定的其他产品质量监督措施。

第二十四条 本办法由国家质检总局负责解释。

第二十五条 本办法自公布之日起30日后施行。

附件：工业企业产品质量分类监管通用规则（略）

产品质量检验机构工作质量分类监管办法

国家质量监督检验检疫总局关于公布
《产品质量检验机构工作质量分类监管办法》的公告
2012年第26号

为进一步加强对承担监督抽查和工业产品生产许可工作的检验机构的监管,规范检验行为,促进检验机构提高工作质量,根据《中华人民共和国产品质量法》等法律法规,国家质检总局制订了《产品质量检验机构工作质量分类监管办法》。现将《产品质量检验机构工作质量分类监管办法》予以公布。

二〇一二年二月二十五日

第一章 总 则

第一条 为了规范产品质量检验机构的检验行为,提高检验机构承担产品质量监督抽查检验、工业产品生产许可发证检验的工作质量，保证检验结果科学、公正、准确、高效，根据《中华人民共和国产品质量法》、《中华人民共和国工业产品生产许可证管理条例》、《产品质量监督抽查管理办法》、《工业产品生产许可证管理条例实施办法》，制定本办法。

第二条　县级以上质量技术监督部门对承担产品质量监督抽查和工业产品生产许可发证检验工作的检验机构的工作质量实施监督适用本办法。

第三条　本办法所称产品质量检验机构分类监管，是指通过考核分类评价的方式，对检验机构承担产品质量监督抽查和工业产品生产许可发证检验的工作质量，进行监督的方式。

第四条　国家质量监督检验检疫总局（以下简称"质检总局"）统一管理检验机构分类监管工作，制定分类监管相关规定。

省、自治区、直辖市质量技术监督部门（以下简称"省级质监部门"）负责本行政区域内检验机构分类监管工作，根据需要制定本行政区域内检验机构分类监管相关规定。

市（地）、县级质量技术监督部门根据省级质监部门的部署，在本行政区域内实施检验机构分类监管工作。

第五条　检验机构分类监管工作遵循统一管理、公平公正、科学严谨、动态调整的原则。实施检验机构分类监管工作，不收取费用。

第六条　从事分类监管工作的人员，应当依法实施、认真负责、公正廉洁。

第二章　分类评价内容

第七条　省级质监部门对检验机构的工作质量以及其相

关情况进行考核评价。

检验机构工作质量包括抽样、样品管理、检验、检验结果确认、异议处理等方面的内容。

检验机构其他相关情况包括抽查和许可工作中是否存在违规违纪行为等。

第八条 质检总局制订《产品质量检验机构工作质量分类评价细则》（以下简称《评价细则》）。

第九条 根据考核结果，承担抽查和许可工作的检验机构工作质量由高到低分为Ⅰ类、Ⅱ类、Ⅲ类、Ⅳ类四个类别。

考核评价结果为100分以上（含100分）的确定为Ⅰ类检验机构，考核评价结果为96—100分（含96分）的确定为Ⅱ类检验机构，考核评价结果为80—96分（含80分）的确定为Ⅲ类检验机构，考核评价结果为80分以下的确定为Ⅳ类检验机构。

第十条 首次承担抽查和许可工作的检验机构可通过对其工作状况进行考察和书面材料的审查，确定是否委托抽查和许可工作，不进行本办法规定的考核评价。

第十一条 承担抽查和许可工作的检验机构存在以下问题之一的，一律评为Ⅳ类检验机构或者降为Ⅳ类检验机构。

1. 上一年度由于抽查和许可工作质量差造成不良社会影响的；

2. 上一年度抽查和许可工作存在超范围检验、出具虚假检验结果等违规违纪行为的；

3. 分包抽查和许可工作任务的；

4. 擅自租借其他单位检测设备开展抽查和许可工作的；

5. 无故不参加抽查和许可工作比对检验或三年内比对检验结果累计出现三次以上离群的;

6. 日常监督管理中发现其他严重质量问题的。

第三章 分类评价程序

第十二条 省级质监部门按照《评价细则》每年组织对本行政区域内承担抽查和许可工作的检验机构的工作质量进行一次考核评价,确定检验机构的类别。

第十三条 检验机构应当配合质监部门的考核评价工作,如实提供有关资料,回答相关询问,如实提供检验数据。

第十四条 省级质监部门应当组织产品质量抽查和许可检验以及检验机构管理方面的专家组成专家组进行实地考核。省级质监部门根据需要,可以指派质量监督部门的工作人员作为观察员。

第十五条 专家组一般由2至3人组成,专家组成员为熟悉相关产品质量标准、熟悉监督抽查和许可工作的有关要求、具有较高技术水平的专家。

第十六条 省级质监部门对现场考核结果进行审查,根据现场考核结果,按照第九条的规定拟定承担抽查和许可工作的检验机构的工作质量类别,并将检查情况和确定的类别告知被检查的检验机构。

第十七条 省级质监部门按规定时限将本行政区域内承担抽查和许可工作的检验机构的分类情况报质检总局。

第十八条 质检总局对省级质监部门考核评价结果为Ⅰ类的检验机构进行抽查,必要时也可以对Ⅱ类检验机构进行抽查。抽查结果与各省级质监部门上报的考核评价结果不一致的，相关省级质监部门承担抽查和许可工作的检验机构的考核评价结果按照抽查结果进行调整。

第十九条 省级质监部门对本行政区域内检验机构的分类监管情况进行通报，质检总局对全国检验机构工作质量分类监管情况进行通报。

第四章 评价结果的使用

第二十条 检验机构承担抽查和许可工作后必须经过考核评价。

第二十一条 根据检验机构的考核评价结果，确定下一年度检验机构承担抽查和许可工作任务。

各级质量技术监督部门优先安排考核评价为Ⅰ类和Ⅱ类的检验机构承担抽查和许可工作任务。

第二十二条 对考核评价为Ⅲ类的检验机构，在安排抽查和许可工作期间应对其工作质量进行监督检查。对考核评价为Ⅳ类的检验机构，各级质量技术监督部门不安排抽查和许可工作任务。

第二十三条 发现检验机构违反《产品质量监督抽查管理办法》的，暂停其3年承担监督抽查任务的资格。

第五章 附 则

第二十四条 本办法由质检总局负责解释。

第二十五条 本办法自2012年3月20日起实施。

附 录

农业部产品质量监督检验测试机构管理办法

农业部关于印发《农业部产品质量监督检验测试机构管理办法》和《农业部产品质量监督检验测试机构审查认可评审规范》的通知

农市发〔2007〕23号

各省、自治区、直辖市及计划单列市农业、农机、畜牧兽医、农垦、乡镇企业、渔业厅（局、委、办），新疆生产建设兵团农业局，中国农业（热带农业、水产）科学院，各有关部直属事业单位，各部级质检中心：

为适应农业部产品质量监督检验测试机构管理和发展要求，健全和完善部级质检机构管理制度，提高部级质检机构的管理能力和水平，保障农产品质量安全，我部对1991年制定的《农业部产品质量监督检验测试中心管理办法》等文件进行了修改完善，经广泛征求各方面意见，形成了《农业部产品质量监督检验测试机构管理办法》和《农业部产品质量监督检验测试机构审查认可评审规范》，现印发给你们，请遵照执行。

《农业部产品质量监督检验测试机构管理办法》和《农业部产品质量监督检验测试机构审查认可评审规范》自2007年10月1日起施行。1991年制定的《农业部产品质量监督检验测试中心管理办法》、1992年制定的《农业部产品质量监督检验测试中心审查认可评审规范》及有关表格、1993年制定的《农业部产品质量监督检验测试中心审查认可与国家计量认证评审工作暂行管理办法》、1995年制定的《全国农业系统国家级与部级质检中心管理暂行办法》、1996年制定的《农业部部级产品质检机构年度抽检实施办法》和《农业部部级质检中心验收和计量认证程序》同时废止。

二〇〇七年八月八日

第一章 总 则

第一条 为了加强对农业部产品质量监督检验测试机构（以下简称部级质检机构）的管理，根据《中华人民共和国行政许可法》、《中华人民共和国标准化法实施条例》以及相关法律法规，制定本办法。

第二条 本办法对部级质检机构的任务与职责、申报与立项、机构审查认可、监督与管理、经费和奖惩进行了规定。

第三条 本办法所称农业部产品质量监督检验测试机构，是指经农业部机构审查认可，并通过国家计量认证的法定检验机构，是社会公益性技术机构。

第四条 部级质检机构规划立项、审查认可和监督管理,由农业部质量标准主管司(局)统一组织,各相关司(局)负责本系统部级质检机构的推荐、初审和参与机构的审查认可(或复审)工作。

第五条 部级质检机构原隶属关系不变,其质量监督检验业务受农业部质量标准主管司(局)和相关司(局)指导。

第六条 部级质检机构在机构与人员、质量体系、仪器设备、检测工作、记录与报告和设施与环境等方面,应符合《农业部产品质量监督检验测试机构基本条件》的要求。

第七条 部级质检机构应坚持科学、公正、高效、廉洁、服务的宗旨,在授权范围内开展检验工作。

第八条 部级质检机构工作人员必须遵纪守法,遵守职业道德、秉公办事,不徇私情。

第二章 任务与职责

第九条 部级质检机构的主要任务是:

(一)承担农产品(含农业投入品、农业生产环境和转基因生物,下同)质量监督检验工作。

(二)承担国家和各地、各部门下达的农产品质量安全例行监测、监督抽查、质量普查及产品质量认证和市场准入等检验工作。

(三)承担农产品质量安全重大事故、纠纷的调查、鉴定和评价,承担委托、仲裁等检验工作。

(四)开展检测技术、质量安全及风险评估等研究。承担国家、行业和地方标准制定、修订及验证工作。

（五）开展国内外农产品质量安全技术交流、培训、指导、服务及咨询。

第十条 部级质检机构必须按照国家有关法律法规规定及技术标准开展检验工作，鼓励参加国内外检测机构能力验证。

第三章 申报与立项

第十一条 筹建单位编制部级质检机构筹建可行性研究报告，提出筹建申请，报省级以上农业行政主管部门。

第十二条 省级以上农业行政主管部门负责对申报单位的材料进行初审，并以文件形式推荐报送农业部质量标准主管司（局）和有关司（局）。需有以下相关材料：

（一）省级以上农业行政主管部门初审、推荐的文件；

（二）筹建单位基本情况，申请筹建的部级质检机构名称、业务范围；

（三）筹建可行性研究报告。内容包括立项依据、市场需求、可行性分析、基础条件、建设内容、目标、计划进度、资金来源与筹措、效益分析、组织管理方案、主管部门意见、农业行政主管部门初审意见等；

（四）筹建单位机构设置方案及其他资质证明。

第十三条 农业部质量标准主管司（局）会同相关司（局），组织专家对申报筹建单位进行可行性论证，下达部级质检机构筹建计划。

第十四条 筹建时间不超过两年，申报单位应在规定的时间内完成筹建工作，并申请机构审查认可和国家计量认证。

不能按期完成筹建工作的，自动取消资格。

第四章 机构审查认可

第十五条 申请单位经自查符合《农业部产品质量监督检验测试机构基本条件》的，以文件形式向农业部质量标准主管司（局）提出申请，并提供下列材料：

（一）机构审查认可申请书；

（二）计量认证申请书；

（三）筹建工作总结；

（四）质量手册；

（五）程序文件与管理制度；

（六）承检产品（参数）所依据的标准目录；

（七）主要仪器设备操作规程目录；

（八）代表性检验报告及其相应原始记录；

（九）人员上岗考核报告；

（十）质量体系审核和管理评审结果报告。

第十六条 农业部质量标准主管司（局）自接收材料起二十个工作日内做出是否受理决定，告知申请单位。

（一）材料齐全、符合要求的，受理申请；

（二）申请材料存在问题，经申请方改正后，符合要求的，

受理申请；

（三）不符合要求的，不予受理。

第十七条 机构审查认可现场评审。

（一）材料受理后六个月内，由农业部质量标准主管司

（局）会同相关业务司局组织现场评审，机构审查认可与国家计量认证现场评审同时进行。

（二）部级质检机构审查认可和国家计量认证的现场评审实行评审组长负责制。评审组由评审员和技术专家组成，成员3—5人，评审时间2—3天。

（三）评审按照《农业部产品质量监督检验测试机构审查认可评审细则》和《农业部产品质量监督检验测试机构审查认可评审规范》执行。评审工作必须坚持"科学、客观、公正"的原则，并严格遵守《部级质检机构评审员评审行为规范》。

（四）现场操作考核项目，应具有代表性，覆盖部级质检机构申请项目的范围。

（五）现场评审结论为：通过、基本通过和不通过。其中基本通过者需在三个月内完成整改工作，完成后将结果及时报评审组长确认。

第十八条　根据现场评审结论和整改结果，符合《农业部产品质量监督检验测试机构基本条件》要求的，经农业部审批后颁发授权认可证书，准许刻制（或继续使用）部级质检机构印章。部级质检机构可凭农业部批准公告刻制印章，建立文书制度，发布带有部级质检机构名称的公文、检验报告等。

第十九条　机构审查认可证书的有效期为三年，期满或申请增加授权检验项目的部级质检机构，须提前六个月提出复审或扩项申请，并提供下列材料：

（一）机构审查认可申请书；

（二）计量认证申请书；

（三）三年工作总结（扩项者应说明理由）；

（四）质量手册；

（五）程序文件与管理制度；

（六）承检产品（参数）所依据的标准目录；

（七）仪器设备操作规程目录；

（八）新增项目的代表性检验报告及其相应原始记录；

（九）新上岗人员考核报告；

（十）三年期间能力验证报告。

第五章 监督与管理

第二十条 承建单位或试验场所变更等涉及机构审查认可及计量认证条件和要素的，须向农业部质量标准主管司（局）提出申请。农业部质量标准主管司（局）在收到书面申请一个月内做出批复。

第二十一条 部级质检机构的正副主任、技术负责人、质量负责人的任免或变更前，应由筹建单位的主管厅（局、院、校、所）提出建议，报农业部质量标准主管司（局）审查备案批复，待农业部质量标准主管司（局）审核认可复函后，方可履行正式任免手续。授权签字人及其变更须经评审考核，报农业部质量标准主管司（局）备案。

第二十二条 农业部质量标准主管司（局）通过实施年度工作总结、监督检查、能力验证、重点核查等方式对部级质检机构实行监督。

第二十三条 部级质检机构应对当年工作完成情况进行年度工作总结，年底前以正式文件形式报送农业部质量标准主管司（局）和相关司（局）。

第二十四条 监督检查是对部级质检机构进行的期间检查。由农业部质量标准主管司（局）指派检查组执行，检查组由评审员和相关行政管理人员组成，至少2人，时间一般1天。

第二十五条 部级质检机构必须参加农业部组织的能力验证，并鼓励部级质检机构参加国家或国际机构组织的能力验证。

第二十六条 对被举报的部级质检机构及时进行重点核查和处理。

第六章 经 费

第二十七条 部级质检机构的事业费由承建单位事业费渠道解决。部级质检机构审查认可和计量认证评审（含复审）所需费用由承建单位承担。

第二十八条 部级质检机构的基本建设投资经费，应纳入所在单位事业发展规划，并在年度基建或更新改造计划中予以安排。

第二十九条 由农业部组织的部级质检机构监督检查、能力验证等所需费用列入国家财政预算。

第三十条 部级质检机构执行产品质量安全监督抽查、例行监测等国家（部门或地方）指令性任务时，应严格遵守有关规定，不得向被检单位收费，其费用由下达指令性任务的部门拨付。其他检测任务，按有关规定收费。

第七章 奖 惩

第三十一条 对完成任务好、管理水平高、团结协作好、成绩突出的部级质检机构给予表彰，优先安排任务。

第三十二条　对工作中坚持原则、实事求是、成绩突出的工作人员给予表彰和奖励。

第三十三条　有下列情形之一的，由农业部质量标准主管司（局）给予六个月整改期。在整改期内，停止安排指令性任务，并视情节轻重，建议主管部门对主要责任人给予行政处分。

（一）管理混乱且监督检查不合格者；
（二）无故不参加能力验证或能力验证不合格者；
（三）工作失误、泄密、弄虚作假，经核查情节严重者；
（四）主任和副主任变更，未经农业部质量标准主管司（局）批复者。

第三十四条　有下列情形之一的，由农业部撤销其机构并收回审查认可证书及印章：

（一）限期整改的单位，整改后仍不合格者；
（二）法人资格依法终结或所在挂靠单位撤销，不能承担法律责任者；
（三）机构审查认可有效期届满未申请复审者；
（四）失去第三方公正性地位的；
（五）法律、法规规定的应当撤销机构审查认可的其他情形；
（六）其他违规造成严重后果者。

第三十五条　对不遵守职业道德或违反国家法律法规的机构和人员视其情节轻重给予通报，建议主管部门予以批评教育、调离岗位或行政处分，并依据国家相关法律法规予以处罚，构成犯罪的，依法追究刑事责任。

第八章 附 则

第三十六条 对违反本办法规定的，任何单位和个人可以向农业部投诉。

第三十七条 本办法由农业部负责解释。

第三十八条 本办法自 2007 年 10 月 1 日起施行。1991 年制定的《农业部产品质量监督检验测试中心管理办法》、1993 年制定的《农业部产品质量监督检验测试中心审查认可与国家计量认证评审工作暂行管理办法》、1995 年制定的《全国农业系统国家级与部级质检中心管理暂行办法》、1996 年制定的《农业部部级产品质检机构年度抽检实施办法》同时废止。

第三十九条 省级及省级以下农业产品质量监督检验测试机构的管理可参照执行。

第四十条 法律法规对检验机构的设立和认定管理另有规定的，依照法律法规的规定执行。

国家林业局产品质量检验检测机构管理办法

(2007年11月30日国家林业局令第24号发布；根据2015年4月30日国家林业局令第37号修改)

第一条 为了规范国家林业局产品质量检验检测机构(以下简称"林业质检机构")的管理，根据《中华人民共和国标准化法》和国家有关规定，制定本办法。

第二条 本办法所称林业质检机构，是指经国家林业局批准设立的从事林业产品质量检验检测活动的机构。

第三条 国家林业局依法负责监督和指导林业质检机构的管理工作。

第四条 林业质检机构应当按照科学、公正的原则，严格执行有关法律、法规和技术标准。

第五条 申请设立林业质检机构的申请人，应当具备下列条件：

(一) 具备《国家林业产品质量监督检验检测机构基本条件》要求的机构与人员、仪器设备、设施与环境和质量体系等；

(二) 国家林业局规定的其他条件。

第六条 申请人应当提交下列书面申请材料：

(一) 设立林业质检机构申请书。

(二) 可行性报告。主要内容包括：专业人员构成、仪器设备和设施、资质、资金来源、拟申请检验检测的产品及其标准、检验检测能力评估等。

（三）国家林业局规定的其他材料。

第七条 国家林业局应当在收到林业质检机构设立的申请后，对申请材料齐全、符合法定形式的，即时出具《国家林业局行政许可受理通知书》；对不予受理的，应当即时告知申请人并说明理由，出具《国家林业局行政许可不予受理通知书》；对申请材料不齐或者不符合法定形式的，应当在5日内出具《国家林业局行政许可补正材料通知书》，并一次性告知申请人需要补正的全部内容。

第八条 国家林业局作出本办法规定的行政许可，需要组织专家现场评审的，应当自受理之日起10日内，出具《国家林业局行政许可需要听证、招标、拍卖、检验、检测、检疫、鉴定和专家评审通知书》，将专家评审所需时间告知申请人。

专家现场评审所需时间不计算在作出行政许可决定的期限内。

第九条 国家林业局应当自受理之日起20日内作出是否准予行政许可的决定，出具《国家林业局准予行政许可决定书》或者《国家林业局不予行政许可决定书》，并告知申请人。

国家林业局作出准予行政许可决定的，应当同时颁发林业质检机构授权证书，并予以公告。

第十条 在法定期限内不能作出行政许可决定的，经国家林业局负责人批准，国家林业局应当在法定期限届满前5日办理《国家林业局行政许可延期通知书》，并告知申请人。

第十一条 林业质检机构需要变更检验检测范围的,应当按照本办法的规定向国家林业局提出申请;符合本办法规定条件的,国家林业局应当依法办理变更手续。

第十二条 林业质检机构授权证书的有效期为5年。

需要延续林业质检机构授权证书有效期的,林业质检机构应当在有效期届满6个月前向国家林业局提出书面申请,国家林业局应当在有效期届满前作出是否准予延续的决定。

第十三条 林业质检机构授权证书依法被撤销或者注销的,国家林业局应当及时予以公告。

第十四条 林业质检机构应当在检验检测报告上,加盖国家林业局规定的授权标识。

第十五条 林业质检机构对在检验检测中获知的国家秘密、商业秘密负有保密的义务。因泄密造成不利影响的,应当依法承担法律责任。

林业质检机构不得伪造、变造检验检测结果。

第十六条 未经国家林业局批准的其他产品质量检验检测机构,不得在名称中使用"国家林业局"、"中国(或全国)林业"等易与林业质检机构相混淆的字样。

第十七条 国家林业局应当对林业质检机构从事产品质量检验检测活动的情况进行监督检查。

林业质检机构应当如实提供国家林业局要求的有关材料和情况。

第十八条 国家林业局有关工作人员在实施林业质检机构审批的行政许可行为中,滥用职权、徇私舞弊的,依法给予处分。

第十九条 林业质检机构接受行政执法机关或者公民、

法人和其他组织的委托提供林业产品检验检测服务，依法承担相应的法律责任。

林业质检机构及其工作人员在检验检测中，伪造、变造检验检测结果的，依法给予处分；情节严重的，依法追究刑事责任。

第二十条 本办法自 2008 年 1 月 1 日起施行。1997 年 8 月 25 日公布的《林业部部级产品质量监督检验机构管理办法（试行）》同时废止。

工业产品质量控制和技术评价实验室管理办法

工业和信息化部关于印发
《工业产品质量控制和技术评价实验室管理办法》的通知
工信部科〔2010〕93号

各省、自治区、直辖市工业和信息化主管部门,部直属单位,各有关行业协会、学会,各有关单位:

为适应新型工业化发展需求,提高我国工业产品质量水平,依据相关政策和法规,工业和信息化部研究制定了《工业产品质量控制和技术评价实验室管理办法》。现印发给你们,请遵照执行。

二〇一〇年三月八日

第一章 总 则

第一条 为适应新型工业化发展,加强工业和信息化系统质量基础工作，提高我国工业产品质量水平，依据相关产业政策和法规，特制定本办法。

第二条 工业产品质量控制和技术评价实验室（以下简称实验室）是指在工业和信息化系统（以下简称工信系统），经工业和信息化部核定，产品质量控制和技术评价能力居全国领先水平，并在推动产业开发品种、提升质量、创建品牌、改善服务中发挥重要作用的工业产品质量检验与评价技术服务机构。

第三条 工业和信息化部遵循统筹规划、合理布局、择优选用、重点扶持的原则，对实验室进行核定和管理。

各省、自治区、直辖市及计划单列市、新疆生产建设兵团工业和信息化主管部门（以下简称地方主管部门）、有关综合性行业协会配合工业和信息化部对本地区、本行业所属实验室进行指导和管理。

第二章 实验室基本条件、工作内容及义务

第四条 实验室应具备的条件：

（一）符合国家法律法规和产业政策的相关规定；

（二）通过国家实验室资质认定或实验室认可审查；

（三）在相关技术领域，具备国际先进或国内领先的专业设施条件和高水平的技术带头人，具有较强的专业人员队伍和产品质量验证、检测、分析、评价服务能力；

（四）对促进行业或区域产品质量提升发挥重要作用，并在核心业务领域有较好的业绩表现；

（五）得到工业和信息化部或所在地政府部门在产业规划、发展政策、财政等方面的支持；

（六）建立了按规定要求开展质量检验检测技术服务的管理制度规范。

第五条 实验室的工作内容

（一）跟踪国际先进质量控制技术发展趋势和技术性贸易政策动向，及时为政府部门提供相关领域技术发展报告和政策性建议；

（二）定期评估国内相关专业领域的产品质量状况，分析国内外产品技术质量水平和差距，为指导工信系统质量管理和解决重大质量安全问题提供科学的技术依据；

（三）受各级工业主管部门委托，参与行业质量规划、法规、政策、标准的研究制定，承担行业管理的技术检测、认定、评价等工作（行政许可事项涉及的检测业务按主管部门的相关规定办理）；

（四）代表行业开展相关领域产品质量控制与技术评价国际合作与交流；

（五）开展专业技术人员质量培训，推广先进质量控制方法，为企业提供产品全寿命周期的质量检测、评价、分析、验证等服务；

（六）承担地方主管部门、行业协会委托的其他任务。

第三章　工作程序

第六条 申请核定的实验室（简称"申请机构"）由地

方主管部门、行业协会按本办法第四条规定审查推荐。中央管理企业集团和部直属单位，可直接向工业和信息化部申报。

第七条 实验室核定程序

（一）申请机构需提供以下材料：

1.《工业和信息化部产品质量控制与技术评价实验室申报表》（见附件一）；

2. 国家实验室资质认定或实验室认可相关资质证明；

3. 申请机构基本情况介绍；

4. 申请机构核心业务及主要业绩事例；

5. 其他有关能力证明。

（二）资料审查

地方主管部门、行业协会应对申请机构的申请材料进行审查，提出审查推荐意见后，报工业和信息化部。

（三）能力评定

工业和信息化部组建专家技术委员会，根据申请材料和相关信息对申请机构能力进行评定，必要时可进行实地考察，提出评定意见。

（四）审查批复

工业和信息化部根据专家技术委员会的评定意见进行审核。对符合条件并具有能力优势的申请机构，正式核定为"工业（产品门类）产品质量控制和技术评价实验室"。

第八条 实验室名录在工业和信息化部网站公布。

第四章　实验室的管理

第九条 实验室应当加强自身能力建设，按照产业发展方向和企业服务需求，不断提高业务能力和服务水平，并自觉接受工业和信息化部、地方主管部门及行业协会的指导。

第十条 实验室应以国家实验室资质认定或实验室认可授权名称对外开展检验检测业务，不得以实验室名称对外出具产品检验检测报告。

第十一条 实验室应于每年1月31日前，向工业和信息化部及地方主管部门提交上年度业务发展报告和产品质量状况分析报告。

第十二条 工业和信息化部及地方主管部门，在产业规划及专项资金安排方面，对实验室予以重点扶持，并逐步将其纳入工业和信息化经济运行监测体系。

第十三条 工业和信息化部对实验室的核定每三年确认一次。对不符合规定要求的实验室发布公告予以撤销。

被公告撤消的实验室3年内不得再次申请。

第十四条 实验室如有下列行为之一或违反本办法规定的，由工业和信息化部依次给予书面警告、通报直至发布公告撤销的处理：

（一）以核定的实验室名义对外出具检验检测报告的；

（二）接受可能对其检验公正性产生影响的资助的；

（三）从事可能影响公正性的产品开发、生产，或参与其检验的产品经营活动的；

（四）因弄虚作假、检验或评估结果严重失实、牟取不正当商业利益，造成严重经济损失或社会不良影响的；

（五）违反国家保密规定，泄露、窃取企业技术秘密，造成严重后果的；

（六）未经批准，以核定的实验室名义参与社会组织的商业活动，或擅自对外披露委托任务信息，造成社会不良影响的；

（六）不按规定上报年度业务发展报告和产品质量状况分析报告，或不能按规定要求完成委托任务的；

（七）未尽对实验室自身人员管理职责的；

（八）违反国家法律、法规及其他相关规定的。

第五章 附 则

第十五条 本办法由工业和信息化部负责解释。具体实施细则由工业和信息化部科技司组织制定。

第十六条 本办法自发布之日起执行。

附件：一、工业产品质量控制和技术评价实验室申报表（略）

二、工业和信息化部质量控制和技术评价实验室申报表填表说明（略）

附 录

工业产品质量控制和技术评价
实验室核定细则（暂行）

工业和信息化部关于印发《工业产品质量控制和技术评价实验室核定细则（暂行）》的通知

工信厅科〔2010〕143号

各省、自治区、直辖市工业和信息化主管部门，部直属单位，有关行业协会、学会、有关中央管理企业：

根据《工业产品质量控制和技术评价实验室管理办法》（工信部科〔2010〕93号），我部组织制定了《工业产品质量控制和技术评价实验室核定细则（暂行）》。现印发给你们，请遵照执行。

二〇一〇年七月二十日

第一条 根据《工业产品质量控制和技术评价实验室管理办法》，特制定本实施细则。

第二条　工业和信息化部科技司（以下简称科技司）组建工业产品质量控制和技术评价专家技术委员会（以下简称专家技术委员会），组织实施工业产品质量控制和技术评价实验室（以下简称实验室）的核定和管理工作。专家技术委员会由部内相关司局、有关综合性行业协会的负责同志及相关领域核心技术专家组成。

第三条　专家技术委员会下设秘书处，具体承担实验室核定、管理、监督及申诉受理等日常工作，秘书处暂设在工业和信息化部软件与集成电路促进中心。

第四条　专家技术委员会在建材、石化、有色金属、机械与汽车、轻工、纺织、电子信息、软件、通信、钢铁十个专业建立相关领域工业产品质量控制和技术评价专家库，并组建专家评审组。专家评审组具体承担实验室能力评审工作，提出评审意见。

第五条　实验室核定工作程序分为填报材料、受理申请、形式审查、能力评定、审查批复和授牌发布等流程。

第六条　填报材料：

（一）申请机构在工业产品质量控制和技术评价实验室申报管理网站（www.miit-lab.org.cn）（以下简称实验室申报管理网）进行注册；注册审核通过后，申请机构按照要求在网上完成《工业产品质量控制和技术评价实验室申报表》（以下简称《申报表》）的填报工作；

（二）《申请表》填写完毕并经确认保存后，由申请机构在实验室申报管理网进行网上打印，加盖公章连同有关其他能力证明材料复印件等一并提交到所在省、自治区、直辖市及计划单列市、新疆生产建设兵团工业和信息化主管部门（以下简称地方主管部门）、所属行业综合性行业协会或所属中央管理企业（申请单位隶属部直属单位的，可直接提交到秘书处）。

第七条　申请受理：

（一）地方主管部门、有关综合性行业协会及有关中央管理企业在收到申请机构的申报材料后，负责组织对申请材料的完整性、规范性和符合性进行初步审查，组织对申请机构工作方案和发展规划进行论证，提出审查推荐意见；

（二）地方主管部门、有关综合性行业协会及有关中央管理企业将通过初步审查的申报材料提交给秘书处，同时在实验室申报管理网修改相关申请机构的申报状态；

（三）部直属单位的申报材料由秘书处组织进行初步审查。

第八条　形式审查：

（一）秘书处对通过初步审查的申报材料进行登记、综合汇总，并对材料进行形式审查，主要是对材料的格式以及与网上申报材料的一致性进行审查。

（二）对于未通过形式审查的申报材料，将有关意见反馈给申请机构和相应的地方主管部门、有关综合性行业协会及有关中央管理企业。

第九条　能力评定：

（一）秘书处对通过形式审查的申报材料按照不同地区、不同行业领域进行分类，制定评审计划；

（二）根据不同领域的分组情况和回避原则，秘书处从工业产品质量控制和技术评价专家库中抽取专家，组建技术专家组，以集中会议评审的方式对通过形式审查的申报材料进行书面评审；

（三）如确有必要，由秘书处组建技术专家组对申请机构进行实地考察，实地考察主要是考察申请机构的工作状态、技术服务规模与技术水平、质量控制与技术评价服务能力和创新能力、仪器设备设施和技术人员情况以及质量控制和技术评价工作开展情况等；

（四）秘书处需于实地评审10个工作日前通知相应的申请机构，并向相关的地方主管部门（综合性行业协会）通报，接受实地评审的机构应当为评审专家组进行实地考察提供必要的工作条件，实地考察期间不得安排与评审工作无关的活动；

（五）会议评审或实地评审结束后，由技术专家组提出评审意见并报秘书处；

（六）专家技术委员会根据申报及评审情况，不定期召开专题会议，对技术专家组提出的评审意见进行集中审查，提出评定意见并核定实验室名称。

（七）科技司将评定结果在工业和信息化部网站进行公示，公示期为发布之日起15个工作日。

第十条 审查批复：

对符合条件和要求并经公示无异议的申请机构，由科技司报部领导批准；对不符合条件和要求的申请机构，由科技司将评定结果和意见反馈给相应的地方主管部门、综合性行业协会或有关中央管理企业。

第十一条 授牌发布：

（一）通过核定的实验室的相关信息，由科技司在工业和信息化部门户网站、实验室申报管理网站上进行发布；

（二）每年6月和12月，科技司对通过核定的实验室集中授予统一制作的"工业（产品门类）产品质量控制和技术评价实验室"铜牌。

第十二条 取得实验室核定的机构在3年有效期限内，其组织机构、法定代表人、联系人、办公地址、实验室资质等重大信息发生变更的，应当自发生变更之日起60日内向秘书处提交变更申请，并抄送相应的地方主管部门或综合性行业协会，由秘书处在实验室申报管理网站更新相关资料信息。

第十三条 取得实验室核定的机构在3年有效期届满6个月前，应重新提出申请，由专家技术委员会组织进行再次核定。

第十四条 本办法由工业和信息化部科技司负责解释。

第十五条 本办法自发布之日起执行。

铁路产品质量监督抽查管理办法

国铁科法〔2014〕33号

(2014年6月12日国家铁路局印发)

第一章 总 则

第一条 为规范铁路产品质量监督抽查(以下简称"监督抽查")工作,根据《中华人民共和国产品质量法》等有关规定,制定本办法。

第二条 本办法所称监督抽查是指国家铁路局为监督铁路产品质量,依法组织对在中华人民共和国境内生产、销售的铁路专用产品进行有计划的随机抽样、检验,并对抽查结果公布和处理的活动。

监督抽查范围主要是铁路建设、运输和设备制造中涉及安全、质量及环保等的铁路专用产品。

第三条 监督抽查应当遵循科学、公正原则。

第四条　监督抽查的质量检验依据是被检产品的国家标准、行业标准和有关技术规范等。

第五条　监督抽查不得向被抽查企业收取检验费用。

第六条　国家铁路局按年度制定监督抽查计划。根据实际需要，可补充专项监督抽查计划。

第二章　机构和职责

第七条　国家铁路局科技与法制司（以下简称"科法司"）履行铁道行业技术监督职能，负责监督抽查的管理工作，主要职责是：

（一）根据有关法律、法规和规章制度，拟定监督抽查有关办法；

（二）组织编制监督抽查计划，并监督实施；

（三）组织编制产品质量监督抽查检验实施细则；

（四）编制并发布监督抽查情况通报；

（五）协调解决企业申诉、投诉及其他有关问题。

国家铁路局有关部门和单位配合做好监督抽查工作。

第八条　国家铁路局委托具有法定资质和专业能力的产品质量检验机构（以下简称"检验机构"）承担监督抽查的检验工作。检验机构的主要职责是：

（一）依据国家和国家铁路局有关规定，制定具体的工作程序；

（二）依据监督抽查计划和检验实施细则，制定产品抽查方案，并负责进行产品抽样和检验；

(三) 编制监督抽查检验报告;

(四) 根据监督抽查计划完成情况,提出经费使用报告。

第三章 计划与实施细则

第九条 年度监督抽查计划的编制应根据铁路安全监督管理的需要和项目经费情况,安排重要、关键产品和反映质量问题较多的产品,以及新标准实施后的重要产品。

第十条 科法司组织有关部门和单位提出监督抽查产品的建议,在征求有关方面意见的基础上,组织编制年度监督抽查计划(包括抽查产品、检验依据、抽查计划厂项、检验内容、承担检验工作的检验机构),由国家铁路局批准下达。科法司根据授权代表国家铁路局与检验机构签订项目合同。

第十一条 产品质量监督抽查检验实施细则由科法司组织编制,经专家审查后按程序批准发布。

实施细则应包括以下内容:

(一) 适用范围;

(二) 检验依据;

(三) 抽样方案;

(四) 检验条件;

(五) 检验内容及检验方法;

(六) 检验程序;

(七) 数据处理;

(八) 检验结果的判定。

第十二条 检验机构应依据监督抽查检验实施细则和计划检验的项目,制定产品抽查方案。

第四章 抽 样

第十三条 监督抽查的抽样人员应当是检验机构的检验人员。抽样时，应至少有2名抽样人员参加。抽样人员不得事先通知生产企业。

第十四条 抽样人员在抽样前，应出示检验机构开具的监督抽查通知书和有效身份证件，并说明监督抽查的性质和抽样方法及数量。

第十五条 抽查的样品应是经生产企业检验合格的近期产品，可在生产企业或用户抽取。

第十六条 各单位应积极配合产品抽样工作。抽查的样品由生产企业无偿提供；在用户抽样时，被抽查产品的生产企业应及时向用户补充。

抽取样品的数量不得超过产品检验的合理需要。

第十七条 生产企业（或用户）遇有下列情况之一的，可以拒绝接受抽样：

（一）抽样人员少于2人的；

（二）抽样人员姓名与监督抽查通知书不符的；

（三）抽样人员应携带的监督抽查通知书和有效身份证件不齐全的；

（四）要求支付检验费或其他任何费用的。

第十八条 抽样人员封样时，应有防拆封措施，以保证样品的真实、完整、有效。

第十九条 抽样后，抽样人员应填写抽样单。抽样单中有关企业名称、商标、规格型号、生产日期、抽样日期、抽样数量、抽样地点、是否有相关准入资质等内容应逐项填写清楚。企业需要特别陈述的情况，在备注栏中加以说明。

第二十条 抽样单应由抽样人员和生产企业（或用户）有关人员签字，并加盖公章。

抽样单一式二份，分别留存检验机构和生产企业（或用户）。

第二十一条 对因转产、停产等原因导致无样品可抽的，生产企业应出具书面证明材料，并提供抽样日期之前一年内的生产、销售记录；抽样人员应查阅有关台账予以确认，并在证明材料上签字。

第二十二条 用户拒绝进行抽样的，检验机构应及时报科法司予以协调。生产企业无正当理由拒绝进行抽样的，视为该企业拒绝监督抽查（以下简称"拒检"）。

第二十三条 样品一般应由抽样人员负责带至检验地点。对不便携带的样品，应由生产企业负责在规定的时间内寄（送）至检验地点。

第二十四条 在用户抽样时，检验机构应确认并通知样品的生产企业确认。

生产企业对样品有异议的，应当于接到通知之日起15日内向检验机构提出，提供证明材料。逾期无书面回复的，视为无异议。

确认样品不是产品标称生产企业的，检验机构应停止后续检验工作，并及时通知用户。

第五章 检 验

第二十五条 承担监督抽查工作的检验机构，应具备相应的检测条件和能力，在国家资质认定（计量认证）、实验室认可的资质范围内。

第二十六条 检验机构应制定样品接收、入库、领用、检验、保存及处理的程序规定，并严格按程序执行。避免出现可能对检验结果产生影响的情况。

第二十七条 产品检验的仪器设备应符合有关规定要求，并在计量检定周期内保证正常运行。

第二十八条 按规定的检验方法和检验条件进行产品检验。对需要现场检验的产品，检验机构应制定现场检验规程，并保证对同一产品的所有现场检验遵守相同的规程。

第二十九条 检验原始记录应如实填写，保证真实、准确、清楚，不得随意涂改，并妥善保留备查。

第三十条 检验过程中遇有样品失效或检验仪器设备故障等情况致使检验无法进行时，应如实记录即时情况，并有充分的证实材料。

第三十一条 检验报告内容应齐全，检验项目应与抽查方案一致，检验数据应准确，结论明确。

第三十二条 样品应在监督抽查结果公布后退还生产企业；检验结果为不合格的样品，应在监督抽查结果公布3个月后退还生产企业。

生产企业提出样品不退还的，可由双方协商解决。

第三十三条 在监督抽查结果公布前，对监督抽查不合格的产品，检验机构应将检验报告送达其生产企业。

第三十四条 生产企业在接到检验报告之日起15日内，如对检验结果有异议，应向科法司提出具有明确依据的书面报告。逾期未提出异议的,视为承认检验结果。

科法司应当依法处理生产企业提出的异议。

对有异议需要重新检验(以下简称"复检")并具备检验条件的,科法司组织检验机构按原监督抽查方案对留存的样品或抽取的备用样品进行复检,于检验机构提交检验报告后10日内作出书面答复。复检结论为最终结论。

第三十五条 复检结论表明样品合格的,复检费用列入监督抽查经费;复检结论表明样品不合格的,复检费用由样品生产企业承担。

第六章 监督抽查结果的处理

第三十六条 检验机构向科法司报送检验结果,科法司定期起草《关于监督抽查铁路产品质量情况的通报》,由国家铁路局批准发布。铁路产品质量监督抽查情况通报同时在国家铁路局政府网站上向社会公布。

第三十七条 拒检企业的产品按不合格处理。

第三十八条 对通报的不合格产品,生产企业不得销售,使用单位不得采购。

第三十九条 不合格产品的生产企业,除因停产、转产等原因不再继续生产的以外,应对通报的不合格产品按下列要求进行整改:

(一)立即停止生产;

(二)查明产生的原因,查清质量责任,制定整改方案,落实整改工作责任;

(三) 对在制产品、库存产品进行全面清理,防止不合格产品继续出厂。

第四十条 自通报发布之日起6个月内,不合格产品的生产企业按要求进行整改后,可向科法司提交复查申请,有特殊情况的应在限期期满前提出延期复查申请,并申述延期的理由。科法司审核,并组织检验机构进行抽样复查。

复查检验费用由不合格产品的生产企业承担。

第四十一条 应进行复查的生产企业到期未提出复查申请,或提出复查申请但不履行复查程序的,按复查不合格处理。

第四十二条 对于监督抽查不合格并且复查仍不合格,或二年内连续两次监督抽查不合格的产品,自公布之日起二年期满后,产品生产企业可向科法司申请再次复查。

第七章　监督管理

第四十三条 检验机构应按年度监督抽查计划完成监督抽查任务,并将监督抽查任务完成情况报科法司。

第四十四条 科法司定期对检验机构的监督抽查工作进行监督检查。

第四十五条 监督抽查经费列入财政预算。检验机构对抽查经费实行独立核算、专款专用。

第四十六条 参与监督抽查工作的人员,应严格遵守有关法律、法规和规章制度。检验人员还应熟悉相关产品标准和检验的有关规定,并经培训考核合格后方可从事检验工作。

第四十七条 检验机构应建立健全相关管理制度和内部工作流程,严格按规定开展抽样及检验工作,保证检验工作科学、公正、准确,并对出具的检验报告的真实性、准确性负责。

第四十八条 检验机构不得承担对检验结果公正性有影响的检验项目。

第四十九条 任何人不得擅自将检验结果及有关材料对外泄露,不得擅自发布监督抽查信息。

第五十条 检验机构及人员具有以下行为之一者,责令其改正;情节严重或者拒不改正的,给予检验机构负责人或责任人通报批评、取消委托检验资格等处理;涉嫌犯罪的,移交司法机关处理。

(一)未按规定进行产品抽样、检验的;

(二)未按规定上报检验结果和检验结论的;

(三)违反有关规定收取检验费用,或超标收取复查检验费用的;

(四)伪造检验报告或者其数据、结果的;

(五)利用监督抽查工作从事或参与商务有偿活动、接受被抽查企业馈赠、牟取不正当利益的。

第八章 附 则

第五十一条 本办法由国家铁路局科技与法制司负责解释。

第五十二条 本办法自2014年7月1日起施行。原铁道部发布的《铁道部产品质量监督抽查管理办法》(铁科技〔2011〕143号)同时废止。